U0046464

實　用

知　識

寶鼎出版

實　用

知　識

寶鼎出版

掌握**主動權**的
Highlight
面試法

沒有矚目的背景，也能脫穎而出

LinkedIn 認證面試官

丁 晨 琦 著

目次

第1章 什麼是 Highlight 面試法？

面試不是測試答題水準的考場，而是篩選合適人才的戰場。主動掌握面試節奏，針對性地呈現亮點，才能脫穎而出。

第2章 好的面試，要講好幾個故事

其實面試官都有「健忘症」，如果你無法讓對方在三分鐘內記住你，他就會自動把你放入「平平無奇」名單。

第 3 章　提供每位雇主 VIP 待遇

面試就像「治病」，病人的手斷了，和你憑藉豐富的經驗治好過多少牙齒沒有關係。好的求職者懂得給每一家公司 VIP 待遇。

第 4 章　「創造」難以被拒絕的案例

找到和你目標職位類似的「實驗案例」，快速嘗試獲得成果，你就能說服面試官。

第 5 章 獲得關鍵資源，提升競爭力

面試不是打撲克，而是玩 UNO 遊戲，你可以不斷累積新的牌，並利用這些新牌出奇制勝。

第6章 Highlight 面試法的延伸應用

導讀

一本化「被動」為「主動」的
新世代面試指導奇書

「人資小週末」創辦人　盧世安

　　談面試的書我看過很多，我自己也在教如何面試，但作者丁晨琦小姐所寫的《掌握主動權的 Highlight 面試法》這本書，卻讓我驚為天人（我沒有誇張）。這本書中不僅詳細講解面試的內在邏輯，更提供一整套創新的面試策略和技巧，對於想要在激烈的職場競爭中脫穎而出的求職者，這本書絕對是你必讀的一本書。

　　這本書的核心內容與應用價值，在於透過細緻的分析和闡述，引導求職者深入理解面試官的心理和面試過程中的關鍵要素。作者提出的四大面試核心──故事面試法、VIP法則、案例面試法、資源面試法，不僅為求職者提供一種全新的面試準備視角，還使他們能夠在面試中更有效地展現自己的能力和潛質。透過實用的技巧和方法，即使是背景不顯眼

的求職者也能在眾多競爭者中脫穎而出，成功贏得心儀的工作機會。

　　這本書最難得的是除了具體的實踐策略外，還建立面試的方法論：作者在書中結合300多個真實面試案例，詳盡介紹每種面試法的具體應用方法和實施步驟。例如，在故事面試法中，作者強調如何結合自身經歷，用故事的形式展現個人能力和特點，使面試官留下深刻印象。在VIP法則部分，則講解如何從雇主的需求出發，客制化準備面試內容，建立起與面試官的信任和連接。

　　在本書中作者特別針對職場新鮮人、轉行人士，以及渴望進入知名企業但缺乏相關背景的求職者提供詳盡的指導和建議。透過對這些不同背景求職者的深入分析，書中為他們量身客制面試準備方案，確保每一位讀者都能找到適合自己的面試策略，克服面試中的難關。除了提供面試技巧指導外，更重要的是，本書的核心在教會求職者如何從根本上提升自己的競爭力。例如，在資源面試法中，書中詳細介紹如何利用個人品牌、社群網路等資源來增強求職者的吸引力。透過實際案例的展示，求職者可以學習到如何在面試前後，有效利用自己的資源網路，以增加面試成功的可能性。

　　作者還從長期職業規劃的角度出發，為讀者提供關於如何透過持續學習、能力提升和個人品牌建立來達成職業生涯跨越式發展的建議。書中強調，成功的面試不僅是獲得一份工作的開始，更是個人職業發展的重要一步。透過不斷積累和提升，求職者可以在職場上實現從優秀到卓

越的轉變。

　　為大家簡單陳述這本書的核心要點後，我想要特別跟大家談這本書帶給我的兩個最大驚奇，一個是：如何將面試這件事，化被動為主動；一個是：主動創造面試官的體驗，實在是太顛覆了！

如何將面試這件事 化被動為主動

　　追根究柢這本書的一系列策略和方法，就是要有效地將一般面試過程求職者經常感受到的被動接受狀態，轉變為主動掌控的過程。這種化被動為主動的態度和策略，除了可以減少求職者的不確定感外，更能夠使求職者在面試中更加自信和從容。這要怎麼做到呢？以下是作者在書中闡述的幾個關鍵策略：

　　1.**故事面試法**：透過教授求職者如何講述個人故事，包括挑戰、行動、結果和學習點，這本書幫助求職者將自己的經歷和能力，以引人入勝的方式呈現給面試官。這種方法不僅能夠吸引面試官的注意，還能讓求職者在講述過程中展現出自己的主動性和創造性。

　　2.**VIP法則**：VIP法則強調從雇主的角度出發，客制化準備面試內容。透過深入研究目標公司的文化、價值觀和需求，求職者能夠在面試中提出更加貼合公司需求的觀點和解決方案。這種方法使求職者在面試中能夠更主動地引導對話，展示自己作為理想候選人的獨特價值。

　　3.**案例面試法**：透過準備具體的工作相關案例來應對面試問題，求職

者可以更主動地展示自己的能力和成就。書中指導求職者如何選擇和描述這些案例，以便在面試中能夠清晰、有力地傳達自己解決問題的能力和取得成果的經驗。

4.**資源面試法**：這一策略鼓勵求職者運用現有的職業資源和網路來增強自己的面試準備。透過建立專業的線上形象、利用人脈資源或展示過往的專案和成果，求職者能夠在面試前後主動展現自己的專業性和產業影響力。

5.**主動提問**：書中特別強調面試結束時求職者提問的重要性。透過提出深思熟慮的問題，求職者不僅能展現出對職位和公司的真正興趣，還能進一步瞭解公司的期望和工作環境，從而在面試過程中發揮更主動的角色。

透過上述方法，《掌握主動權的 Highlight 面試法》這本書展現面試過程中「化被動為主動」的轉變，為求職者提供全面的策略，幫助他們在面試中展現最佳狀態。

顛覆傳統：面試者創造面試官的體驗

由面試者創造面試官「優質體驗」這一概念，相較於傳統的面試準備方法，絕對是新穎又具顛覆性的。在這本書中，作者透過引導求職者從面試官的視角出發思考和準備面試，不僅改變求職者對面試的看法，也大大地提升面試的有效性和成功率。我幫大家整理以下幾點，闡釋這種

方法的進行流程：

1.**換位思考**：這種方法鼓勵求職者站在面試官的立場上思考問題，考慮面試官在面試過程中尋求什麼、關注點在哪裡、以及如何透過求職者的回答來評估候選人的適合度。透過這種換位思考，求職者可以更準確地定位自己的答案和準備，創造出更加符合面試官期待的面試表現。

2.**客制化準備**：從面試官的視角出發，鼓勵求職者進行客制化的準備，包括對公司的深入研究、職位要求的分析、以及如何將自己的經驗和技能與公司的需求對接。這種方法使得面試內容更加貼切，有效展現求職者的匹配度和潛在價值。

3.**主動引導對話**：透過理解面試官的需求和期望，求職者能夠在面試中更加主動地引導對話，比如運用提前準備的問題和故事來展示自己的能力、經驗和對公司的研究。這不僅能夠給面試官留下深刻印象，還能展現求職者的主動性和深度思考能力。

4.**優化面試體驗**：創造面試官的體驗不僅限於滿足面試官的需求，還包括讓整個面試過程更為流暢和愉悅。透過預見和準備面試中可能出現的各種情況，求職者可以說明面試官更有效地獲取所需資訊，同時也減少面試中可能出現的緊張和不確定性。

5.**建立共鳴**：從面試官的視角出發準備面試，有助於在求職者與面試官之間建立共鳴，透過共用的理解和目標來增強雙方的連接。這種共鳴不僅能提高求職者在面試中的成功率，也為日後的工作關係奠定良好的

基礎。

透過上述的方法，求職者不僅更能夠好好準備面試，提高被錄用的機率，同時也能在整個面試過程中展現出自己的獨特價值和對工作的深刻理解，從而在眾多候選人中脫穎而出。

談完這本書對求職者的幫助與益處後，身為人資社群的經營者，我之所以會特別寫這篇導讀長文，是因為這本書對人資工作者應該如何看待面試這件事，也很有啟發性。

閱讀這本書對人資夥伴有什麼益處

對於人資夥伴而言，本書不僅是一本有關求職者的面試指導手冊，更是一本能夠幫助人資工作者深化招募理念、優化招募流程和提高面試效率的好書。以下我整理出幾個重點來跟人資夥伴說明：

1. **深入理解求職者心理**：透過閱讀這本書，人資夥伴可以更深入瞭解新世代求職者在面試中的思考模式、行為動機以及他們如何準備面試。這有助於人資在設計面試流程和面試問題時，更加貼近求職者的真實情況，從而提高面試的精準度和有效性。

2. **優化面試策略**：書中提出的四大面試法（故事面試法、VIP 法則、案例面試法、資源面試法）不僅適用於求職者準備面試，也可以被人資夥伴「逆向」應用於面試過程中。例如，人資可以透過引導求職者分享具體案例或故事，更深層次地評估求職者的能力和潛力。

3.**建立更有效的溝通橋梁**：掌握求職者如何準備面試的知識，能讓人資夥伴在面試中更順暢地引導對話，建立起有效的溝通。這不僅能增加求職者的舒適度，也有助於提高面試的資訊獲取品質，使人資能夠更全面地瞭解求職者的真實面貌。

4.**提升企業品牌形象**：透過應用書中的策略，人資夥伴可以優化面試流程，使之更為人性化、高效和專業。這種正面的面試體驗可以提升求職者對企業的整體印象，即使未獲錄用的求職者也可能成為企業品牌的積極傳播者。

5.**促進內部面試官培訓**：本書提供的內容和策略，可以作為企業內部面試官培訓的重要資料。人資夥伴可以使用書中的方法和實例，培訓內部面試官如何進行有效的面試，包括如何設置問題、如何評估求職者的回答等，從而提升整個招募團隊的專業水準。

6.**優化人才篩選和評估流程**：透過深入瞭解和應用書中的面試法，人資夥伴可以更加精準地識別和篩選人才，尤其是在評估求職者的軟實力、團隊合作能力以及創新思維等方面。這對於尋找真正符合企業文化和職位需求的人才至關重要。

除了上述重點外，我還想要特別凸顯一下：這本書是如何創意性的詮釋與活用了人資夥伴所熟知的 STAR 法則。

如何活用 STAR 法則

　　容我武斷一點下這個斷語：這本書本身就是以STAR模式為基礎，為求職者建立一個明確的框架，並以結構化的方式，協助求職者如何有效準備和呈現他們的經歷和能力的工具。

　　1.**情境（Situation）**：首先，作者鼓勵求職者在準備面試時思考並選擇具體的工作或生活經歷作為例子，這些例子應當能夠展示他們的技能、成就和解決問題的能力。透過書中的指導，求職者學會如何挑選最能代表自己實力的情境，並詳細描述這一背景，為聽者設定故事場景。

　　2.**任務（Task）**：接著，作者引導求職者明白在這個情境中他們面臨的具體任務或挑戰是什麼。這一部分的目的是讓面試官瞭解求職者所承擔的責任和期望達成的目標，從而更理解後續的行動和結果。

　　3.**行動（Action）**：這一步是STAR法則中的核心。書中詳細解釋如何清晰、系統地敘述自己為完成任務所採取的具體行動。作者特別強調在描述行動時使用積極語言和第一人稱視角的重要性，這有助於強化求職者在解決問題過程中的主動性和貢獻。

　　4.**結果（Result）**：最後，作者教導求職者如何有效地展示自己的行動帶來的具體結果，包括成功解決問題、達成專案目標或產生的正面影響等。同時，書中還建議求職者反思並分享從這個經歷中學到的教訓或得到的成長，以顯示出自我提升的能力和對未來工作的積極態度。

　　我們不妨拉高一個層次來看，透過活用STAR法則的書寫模式，作

者不僅幫助求職者準備出更加有力和有說服力的面試回答，也指導他們如何透過具體例子展現自己的專業技能和工作態度。更棒的是，書中還包含多個實際案例，演示如何將 STAR 法則應用於不同類型的面試問題中，使求職者能夠在實際面試中靈活運用這一技巧，提高自己的面試表現。

面試 其實是一種矛和盾

如果我們將面試看作是一種矛與盾的博弈過程。在這一過程中，求職者（矛）要盡力展示自己的能力、經驗和潛力，試圖穿透面試官（盾）的評估和篩選；而面試官則在努力識別求職者的真實水準，確保其符合職位需求和企業文化。我常跟求職者與 HR 說：面試的最終目標不是勝負，而是尋找最適合職位的人選。這意味著，面試過程中矛與盾的這種博弈，不是對抗性的博弈。實際上是一種雙方試圖建立共識、相互理解磨合的過程。求職者需要誠實地展示自己，同時也要理解企業的需求和文化；面試官則需要透過有效的面試策略，確保評估過程的公正性和準確性。而在這一過程中，溝通和回饋顯得尤為重要。求職者透過回答問題展示自己，面試官透過回饋提供進一步的指導或評價。良好的溝通有助於雙方更理解彼此，從而提高匹配的成功率。

小結語

　　這本《掌握主動權的 Highlight 面試法》應該是每位求職者通往成功職業生涯的必備指南。作者丁晨琦小姐透過深入淺出的方式，將複雜的面試準備過程化為簡單易行的步驟，不僅為讀者提供一系列實用的策略和技巧，更重要的是，她改變我們對面試的傳統認識，將被動等待轉變為主動出擊。所以無論你是初入職場的新手，還是尋求職業跳槽的資深人士，本書都能為你的面試之路，提供清晰的指導和無限的啟發。

前言

每個不起眼的職場新鮮人，
都擁有自己的 Highlight 時刻

早上 9:00，你依約來到某棟大樓，準備參加一場面試。

這裡的電梯上上下下，人們來來往往。你穿著昨天剛買的西裝，鞋子沒有想像中合腳。等待電梯的過程中，你反覆思考：

「等一下怎麼跟 HR 打招呼呢？」

「不知道會不會用英文面試？」

「遇到答不上來的問題，該怎麼辦？」

你侷促不安，頭腦一片空白。昨天提前準備的答案，此刻好像絲毫回想不起來。

這就是 6 年前，剛畢業的我在面試時的真實情況。由於大幅度跨產業，投出近 100 份履歷都沒有回應。和那些早早在知名大公司實習的同學相比，我沒有矚目的背景，也沒有亮眼的經歷。

　　但幸好，我還懂得「補習功課」。我開始找認識的同學幫忙，請他們幫我指出履歷和面試中出現的問題，然後開啟頻繁面試模式，不管什麼產業，只想獲得練習的機會。有一段時間，我3個月內面試近200家公司。

　　直接的結果是：我整理出一套面試方法，將其稱為「Highlight面試法」。

　　Highlight面試法，是針對求職者現有背景和特質，透過講好有細節的故事、給未來雇主VIP待遇、短期創造類似經歷，以及累積關鍵資源的方法，快速為面試官創造深刻的印象，從而獲得心目中的職位，就像為自己的眼睛或鼻子等一些細節處打光似的，讓自己的關鍵能力被看見、被珍視。

　　透過這套方法，我拿到歐萊雅、路易‧威登、《紅秀》女性時尚雜誌等知名企業及機構的Offer，也讓我獲得很多意想不到的人生機會：收到字節跳動的邀請、成為知乎KOL中的一員、參與大型直播、變身喜劇編劇，為大型企業拍攝抖音自製劇……。

　　《紅秀》創意總監鄧刊和我討論過關於紙類媒體衰落的看法；國家一級麵點師兼抖音「網紅」朱厘米念過我寫的繞口令；紀錄片頻道「新世相」想瞭解我對年輕人做副業的態度；阿里戰略營運專家跟我請教如何「自我包裝」。

　　正由於以上原因，我寫出了這本書，希望透過Highlight面試法幫助職場新鮮人突破自身背景限制，進入心目中的公司。

本書特色

　　本書最大的特色就是實戰性強。透過Highlight面試法，你能學會用「能力」說話，而不是受限於背景和經歷。

　　在我成為領英（LinkedIn）認證面試官、成立「小丁諮詢」品牌後，用這套方法服務超過1000位以上的求職者，大多都能透過短期訓練找到心目中的工作。我曾協助某知名媒體平台副總監成功轉任創投產業，也曾幫助沒有相關經驗的新鮮人進入500大的外商。

　　沒有知名企業背景，也能留下鮮明印象。

　　沒有相關經驗，也能擊敗競爭對手。

　　被面試官拒絕，也能成功行銷自己。

　　沒有管理經驗，也能踏上管理職。

讀者對象及收穫

　　這本書對於剛踏入職場的新鮮人，可以迅速幫助你打破沒有相關工作經驗的困局，找到心目中的工作；對於轉行或轉職人士，可以幫助你在現有的經歷中，發掘面試新工作的突破點；對於沒有知名企業背景，但想要進到知名企業工作的朋友們，可以幫助你快速找到自己的優勢，在優秀的競爭對手中脫穎而出。

　　從這本書中，你可以有以下幾方面的收穫：

　　1.我最真實的面試經歷，包括真實對話、真實情境、真實結果。每

一章，我還特別為你預備2～3題的思考題，幫助你記憶。

2. 我做職場諮詢這些年，彙整出求職者常踩的「雷區」。

3. Highlight面試法在其他情境的運用，比如談調薪和談合作等情境。

但最重要的是，你會獲得「Highlight心法」：當我們真正接納自己特點的時候，它就會變成我們的優勢。

4. 部分思考題，附贈短影片講解過程，掃QRcode就可觀看，希望提供大家不一樣的思考方向。

致謝

首先，我要感謝在我剛畢業的時候，無私幫助我指出面試問題的同學與朋友，是你們啟發了我，催生這套Highlight面試法的誕生。

我還要感謝每位我曾輔導過的學員，你們也是我的「老師」，是你們真實的經歷和回饋，給了我豐富的靈感，讓我不斷完善Highlight面試法的內容。

此外，還要感謝這本書的編輯，她提出無數寶貴的寫作建議，幫助我把經歷轉變成系統的方法論，更有助於讀者吸收和消化。

丁晨琦

2022年12月

◆ 第 1 章

什麼是 Highlight 面試法？

在我開始從事求職輔導的過程中，最常被學員問到的問題是：「面試中每個問題我都回答得不錯，為什麼最終沒有被錄取？」

這個問題非常具有代表性，因為它反映人們對面試的普遍誤解，那就是：面試是針對答題水準的一種測試，只要把問題回答好，就可以通過面試。

那為什麼這樣的理解是錯誤的呢？那就要從面試的本質說起。

1.1 面試不是被動答題，而是主動呈現亮點

面試，是企業透過提出一系列問題的方式，評估求職者的綜合能力，從而為企業篩選合適人才的一種測試。它的核心目的是「篩選合適」，這主要包括以下三方面的意義。

第一，**篩選意味著競爭**。這意味著有大量的求職者與你的經歷是高度相似的。如果只是按照履歷上的經歷按部就班地回答問題，沒有亮點，那很可能會被淹沒在大量的競爭者中。

第二，**面試是對求職者綜合性的考量**。這意味著答題只是一種形式，其最終目的還是在評估你是否擁有這個職位的能力。所以，只有主動掌握面試的節奏，提供企業需要的資訊，才能獲得面試的成功。

第三，**「呈現」的形式也很重要**。因為一場面試的時間有限，如果將自己的經歷全盤托出，那很可能讓面試官迷失在資訊海中，無法真正判

斷你是否合適。因此，你需要斟酌呈現的形式，讓面試官留下深刻印象。

可以這麼說，「主動呈現亮點」這幾個字幾乎概括應對面試最重要的技巧。既然主動呈現亮點這麼重要，那我們應該怎麼做呢？這裡，就要引出「Highlight面試法」這個概念了，也就是這本書要探討的重點。

1.2 Highlight 面試法，是主動呈現亮點的系統方法

Highlight面試法是我根據大量面試實戰經驗，以及面試輔導的經驗，彙整出的一套系統方法。它的主要目的是**幫助求職者主動掌握面試節奏，透過合適的方法，呈現與職位匹配的相關亮點。**

以下，我想透過一個例子，幫助大家快速理解什麼是主動呈現亮點。

在面試時，我們最常被問到的問題就是：「請你做個自我介紹吧。」

很多求職者的答案彷彿從同一個模子印出來似的：「我叫××，畢業於××大學。在大學期間，我參加過×個社團，擔任過××活動的志工。工作之後，我一共任職過×家公司，分別擔任××，××和××。」

這樣的面試介紹看似沒有大問題，但它沒有回答出一個核心問題，那就是：為什麼企業要聘請你？比如，我是某公司的HR，要應徵一名營運專員，那你大學時參加社團，擔任志工，究竟與營運有什麼關係？

所以，通常我會建議我的學員在面試前詳細閱讀職位需求（見下

圖），然後有針對性地進行自我介紹。

職位詳情

| 營運專員 | 銷售數據營運 | 產業數據分析 |

| 數據分析 |

職位職責：
- 負責部門日常經營數據的監控，負責相關業務數據統計，經營彙總分析工作；
- 協助部門開始營運管理工作，包括營運協作機制建立、制度與規範制定、系統與流程設計等；
- 監督管理業務的日常營運異常情況，並及時與部門負責人進行溝通回饋；
- 聯絡集團及 ▆▆▆▆ 營運同事，將集團的戰略目標以及相關政策落實到業務部門；
- 參與日常營運管理相關工作及主管安排的其他工作。

某營運職位需求

比如以下這張圖中，Highlight 前和 Highlight 後（即用 Highlight 面試法）的自我介紹對比：

> ### ◇ **Highlight 前** ◇
>
> 我叫xx，畢業於xx大學。在大學期間，我參加過x個社團，擔任過xx活動的志工。工作之後，我一共任職過x家公司，分別擔任xx、xx和xx。

> ### ◆ **Highlight 後** ◆
>
> 我叫xx，應徵的是營運專員的職位。我注意到，這個職位主要需要三個核心能力，第一個能力是數據分析，在大學期間，我曾獨立經營學校的公眾號，在此過程中培養數據分析的能力，第二個能力是……

一般自我介紹與 Highlight 自我介紹對比

透過上面的對比，你有什麼樣的感覺呢？這樣自我介紹有什麼好處呢？

（1）主動。它不是按部就班地回答問題，而是主動瞭解企業的應徵需求，然後根據這個需求，有針對性地自我介紹。這樣就能為面試官節省大量時間，而不需要反覆追問：「那你為什麼來應徵這個職位呢？」、「你之前有哪些經歷與這職位是匹配的呢？」等。

（2）有亮點。求職者對自己的經歷有整理，理出和職位相關的經歷和優勢，無須面試官思考哪些資訊是無用的，哪些資訊是有用的。

（3）優化呈現的形式。Highlight後自我介紹不是單純根據時間順序，而是站在企業的角度，根據職位需求的優先順序進行說明，更有助於面試官理解。

總而言之，Highlight面試法解決的核心問題，即如何透過主動呈現亮點的方法，可以在面試中脫穎而出。（註：「Highlight」原本是美學中的概念，後來被沿用到美妝，針對五官的某些部分進行打亮，從而達到凸顯優勢的效果。化妝時，如果全臉都打亮，那就會讓整張臉都沒有重點。而面試也是一樣，只針對性地「打亮」與職位相關的優勢，才能脫穎而出。）

現在，你知道什麼是Highlight面試法了，那麼它要如何操作呢？又有哪些核心內容呢？

1.3 Highlight 面試法的四大核心內容

Highlight面試法共有四個核心，它們分別是：故事面試法、VIP法則、案例面試法和資源面試法。

我彙整成口訣來幫助大家理解和記憶，那就是：「透過故事強化經歷，透過客製強調匹配，透過案例凸顯能力，透過資源放大潛力。」

為什麼是這四大核心呢？以下，我會根據這四句口訣逐一解釋。

■ 1.透過故事強化經歷

面試官既然已經收到你的履歷，也瞭解你的相關經歷，那為什麼還要邀請你來面試呢？答案就是：他不瞭解你與工作相關的其他資訊，比如：你為什麼要來應徵這家公司？除了履歷上展現的能力外，你還有哪些潛力？你是否有很好的抗壓力？等等。這些資訊，就是你相對於這個職位的綜合特質，它無法透過簡單的資料、文字的描述來呈現。那怎麼辦呢？

其實，可以透過講好幾個故事的方式來強化自己的經歷，從而讓面試官瞭解到一個立體的你。也就是這裡說的「故事面試法」。

故事面試法主要解決的問題是：遺忘。也就是說，它可以讓面試官在短時間內對你產生深刻印象，避免泛泛而談導致的印象模糊。

■ 2.透過客製強調匹配

在詳細瞭解你的經歷後，面試官需要判斷你是否適合這個職位，也就是你的匹配度。但就算是再相似的職位，也會有不同的地方。如何證明你比其他的求職者更加適合呢？

這裡建議，把每個企業都當作你的VIP，從他們的角度來客製化地展現自己。具體包括客製自我介紹、客製履歷、客製工作計畫等，即

VIP法則。

VIP法則主要解決的問題是匹配度，即突破背景的局限，讓關鍵的能力被看見。這尤其適合職場新鮮人以及轉職人士。

■ 3.透過案例凸顯能力

故事面試法和VIP法則雖然可以針對我們的經歷，優化你的職位匹配度，但如果遇到一個全新的職位，與你之前的工作內容完全不同，怎麼辦呢？

這裡建議，透過短期內嘗試一個與目標職位類似的專案，累積一定經驗，從而說服面試官你可以勝任，即「案例面試法」。

案例面試法主要解決的問題是：沒有相關經歷，但想應徵相關職位。它針對的對象是：應屆生、跨產業人士，以及體制內人士跳槽到體制外或體制外人士跳槽到體制內的情況。

■ 4.透過資源凸顯潛力

在經歷、匹配度和能力都差不多的情況下，如何贏過其他競爭者，從而獲得最終的勝利呢？

這裡建議：透過打造個性名片、建立社群陣地、升級專業背書、強化個人IP等方式，為自己創造更多資源，從而增加自己的競爭力，即「資源面試法」。資源面試法主要解決的問題是：在背景相近的情況下，

如何最大化凸顯自己的潛力。

以下，我會根據以上四個核心一一說明。不過，在這之前，我想澄清一個對「Highlight面試法」常見的誤解。

1.4 Highlight 面試法不是過度包裝

在我講解Highlight面試法的過程中，有時會遭遇一些誤解，比如有人會說：「教人面試，不就是教人說謊嗎？」

在他的眼中，主動呈現亮點，就是為了獲得面試的成功而主動「捏造」一些不屬於自己的亮點。這實在是天大的誤解。

在我看來，Highlight面試法不但不是說謊，而且是極力透過誠實的方式去獲得面試的成功。因為Highlight面試法的一個核心思想就是：「當你真正接納自己的特點時，它就會變成你的優勢。」

這裡，我想舉一個小小的例子來說明Highlight面試法和過度包裝的區別。

在我擔任面試官的生涯中，經常會遇到這樣的求職者，透過強調自己部屬人數的方式，來證明自己的能力。比如有一次，我面試一位營運經理，他說之前管理過一個八人團隊。

於是我問：「那這八位部屬分別有什麼特點，你都是如何管理他們的？」

結果，他支支吾吾回答不上來。這樣的情況就會讓我對他的誠信產生懷疑。這就是過度包裝可能會帶來的問題。你無法說出相關的細節，因此可能無法應對面試官的追問。

而 **Highlight面試法是儘可能在自己特點的基礎上製造優勢**。比如，我有一位學員想要應徵採購經理的職位，但來應徵之前她沒有任何管理職的經歷，我就建議她使用故事面試法，詳細描述自己在經理突然離職的情況下，臨時管理團隊的經歷。結果，這段真實的經歷，反而讓她贏過其他競爭者被公司錄取，因為面試官發現她具有「隨機應變」這個特點。

聽完這個案例，相信你對 Highlight 面試法已經有更深的理解。以下，讓我們透過思考題來複習一下本章的重點吧！

1 如果面試官問你在某個職位上有沒有相關經歷，但你沒有，該如何回答呢？請結合「主動呈現亮點」的原則，進行思考。

2 如果你要應徵一個熱門職位，面試官告訴你前來競爭的都是海外留學、高學歷人士，以及有相關經驗者，並問你跟他們相比有什麼優勢，請結合「在自己特點的基礎上發掘優勢」的方法進行思考。

◆ 第 2 章

好的面試，
要講好幾個故事

從這章開始，我們就要進入 Highlight 面試法的第一個重要核心，那就是故事面試法。在這一章中，我會和你聊聊什麼是故事面試法，為什麼它如此重要，以及它的八種展開形式。本章還會提供實際的案例以及方法論，幫助你更能掌握故事面試法。首先，讓我們進入第一個學習的重點：什麼是故事面試法？

2.1 什麼是故事面試法？

故事面試法是針對提升面試官興趣而歸納出的一種獨特方法。它的核心定義是：在短時間內，**透過故事帶動面試官的情緒，從而對應徵者產生深刻的印象。**

我剛畢業參加面試時，回答面試官的問題常常很空洞。請看下圖中的對話：

面試官

你的優勢是什麼？

我覺得我的主要優勢有三：第一，我很勤奮；第二我善於洞察用戶心理……

我

面試官

如果你真的擅長揣摩人的心理，就知道
我不想再聽這些話了。

……

我

剛畢業時我的自我介紹

　　後來，我發現，如果在面試中加入一些故事，就能讓面試官迅速產生興趣。比如，在應徵文案工作的時候，我會說：「我的文字，曾經讓一個快要睡著的老師瞬間打起精神。」

　　在應徵財務工作的時候，我會說：「我很細心，有一次，當我作為人資部實習生在幫財務部檢查報表時，看出了幾個財務部經理也沒發現的錯誤。」

　　在應徵時尚雜誌編輯工作的時候，我會說：「我很擅長爭取資源，有一次，我靠著談判技巧，沒花一分錢就跟活動商爭取到演唱會門票。」

　　透過故事面試法，我順利爭取到很多頂級快消品牌、網路知名企業、知名外商的 Offer。甚至有位面試官對我說：「我們面試過九十九個人，見到你就知道整個面試終於要結束了。」後來，我開始帶很多學員進行職場諮詢，他們也透過故事面試法獲得不錯的成績。

　　那麼，為什麼故事面試法這麼有效呢？這就要從面試的特點說起。

2.1.1 面試，是一場與遺忘的戰爭

如果你參加過很多場大型面試，就會發現，很多問題的雷同度都很高：

「請自我介紹一下。」

「請問你最大的優勢是什麼？」

「請問你的缺點是什麼？」

「請問你為什麼從上一家公司離職？」

「還有什麼問題要問我嗎？」

……

這就意味著，面試官每天都要聽到很多次相似的回答。比如一些大型公司的應徵，對於「你最大的優勢是什麼？」這個問題，面試官每天至少就要聽十多次這樣的回答：「我的優勢是擅長學習」、「我的優勢是細心」、「我的優勢是擅長與人溝通」。

高度相似的回答帶來的必然結果是什麼？那就是：**遺忘**。

其實面試官都有「健忘症」，如果你無法讓他在三分鐘內記住你，他就會自動把你放入「平平無奇」名單中。

但如果你準備一些與眾不同的回答呢？比如：「我最大的優點就是過目不忘」、「我特別擅長珠心算」，聽到這些特別的回答，面試官可能會對你產生深刻的印象，但這和目標職位卻沒什麼關係。

那麼，如何透過短時間的準備，既給面試官創造深刻的印象，同時

又能證明你適合目標職位呢？

2.1.2 故事，是治癒面試官遺忘的良藥

在我的職場諮詢班上，我常常會指導學員使用SB7架構來說自己的面試故事，那就是：「一個人，遇到一個問題，碰到一位嚮導，訂出一個計畫，開始採取行動，最終產生了什麼好的結果，避免了什麼壞的結果。」

這個架構是由美國品牌作家唐納‧米勒（Donald Miller）在他的暢銷書《跟誰行銷都成交》（*Building a storybrand*）中首次提出的，主要為了幫助企業透過講好品牌故事的方法，獲得客戶的信賴。在我看來，面試就相當於是一次展現自己個人品牌的機會，因此，我也會建議求職者使用SB7架構。

比如，在回答「你應徵這個職位最大的優勢是什麼」時，求職者就可以使用這個架構來回答：「我最大的優點是擅長換位思考。有一次，當我還是新鮮人時被派去協調一個生產糾紛。當時，技術部門的同事和工廠產生衝突（**問題**）。在現場，我突然想起以前主管說過換位思考的重要性（**嚮導**），於是我決定透過自己的跨學科背景協調糾紛（**計畫**），透過一小時的溝通（**行動**），我順利解決了糾紛（**好的結果**），避免衝突再次擴大（**壞的結果**）。」

使用故事的好處是什麼呢？在我看來主要有以下三點：

■ 1.故事，能在短時間內帶動面試官的情緒

故事中往往包含起因、經過、結果，這就能讓面試官的情緒跟著你的故事起伏。有些故事還會包含一些細節，這就能進一步放大故事的感染力。

有人可能會說：「面試時間這麼短，面試官哪有耐心聽你講故事？」

這就是對故事面試法的誤解了。故事面試法的重點是透過簡單的幾句話，快速引起面試官的興趣，讓他順著你的思路往下走，比如我會建議求職者這樣說：「我特別擅長跨部門溝通，有一次甚至爭取到隔壁部門總監的支持。關於這個故事，如果您有興趣，我等一下詳細說明。」這樣的回答不僅不會讓面試官厭煩，相反地還勾起他的情緒和好奇心。

■ 2.故事，能化被動為主動

面試中，常常會出現應徵者被面試官的問題帶著走的情況，比如面試官問：「你為什麼覺得自己擅長廣告？」求職者回答：「因為我特別有創意。」面試官又問：「那你有接觸過食品類廣告的企劃嗎？」求職者回答：「沒有。」這樣就漸漸把面試引入「死巷」。

但如果應徵者透過講故事的方式來回答，結果可能就會不同。比如他可以說：「我覺得自己特別有創意，有一次，我在社群媒體上對一家餐廳評價，還對它們的幾個主要菜色提出宣傳建議。後來，這家公司接受我的提議，還特別向我表達感謝。」透過講好一個有說服力的故事，

可以掌握面試的主動權。

■ 3.故事，能向面試官展現一個鮮活的你

履歷上展現的你是相對平面的，只包含你的背景和經歷，但對於一些更加複雜的因素卻無法展現。比如：

「你為什麼要應徵這個職位？」

「作為一名教師，為什麼會對雜誌社編輯的職位感興趣？」

「如果需要你提出一個不同產業的企劃案，你能做到嗎？」

「這個專案壓力這麼大，你究竟是怎麼堅持下來的？」

而回答這些問題的一個好方法，就是**講好故事**，透過故事來展現你的初心、你的思考、你的信仰、你的潛力。

只有一個有故事並且鮮活的個體，才能引起面試官的興趣。而興趣，正是治癒遺忘的良藥。

2.1.3 一場好的面試，要講好哪幾種故事？

一般而言，一場面試需要講好八種故事，可以用口訣來概括，那就是「描繪初心、挖掘潛力、證明能力、展現勝任、強化特點、打磨優勢、刻畫細節、解決壓力。」實際執行起來，可能不需要在一場面試中把這八種故事都提到，但提前準備能讓你靈活應對面試官的提問。

第一種故事是**初心故事**，回答的是你為什麼要從事這個產業，為什

麼應徵這個職位。這能幫助面試官瞭解你是否穩定，遇到困難會不會輕易退縮。

第二種故事是**潛力故事**，回答的是你是否具備靈活適應的潛力。世界上沒有兩個職位是完全相同的，而潛力可以幫助你快速上手新職位，獲得突破。

第三種故事是**能力故事**，展現的是你在真實工作狀態下的能力。履歷上的文字和數據不足以證明你會在新職位表現出色，但好的故事或許可以。

第四種故事是**勝任故事**，展現的是你面對責任時的反應。一個能力強的人不一定能勝任職位，但一個責任心強的人會不斷創造勝任的可能。

第五種故事是**特點故事**，展現的是你與目標職位相關的特點，可以為面試官留下深刻的印象。

第六種故事是**優勢故事**，展現你獨一無二的優勢，從而擊敗其他競爭者。

第七種故事是**細節故事**，透過細節加深面試官對你的印象，帶動他的情緒。

第八種故事是**壓力故事**，展現你面對壓力時的反應，從而讓面試官瞭解一個更加真實的你。

以下，我就會根據這八種故事形式逐一進行說明，以幫助你理解、熟悉、掌握面試時的講故事技巧。

1 如果你沒有擔任管理者的經驗，卻要應徵管理者的職位，當面試官問你：「如果部屬不服你怎麼辦？」時，你會如何回答？請結合「化被動為主動」進行思考。

2 如果面試官問你：「你現在要接手一項新工作，你沒有任何經驗，會如何著手？」你如何回答？請結合SB7架構進行思考。

掃QRcode看短影片

2.2 故事面試法的八種展開形式

透過前文的講述我們已經瞭解到，故事面試法有八種展開形式：初心故事、潛力故事、能力故事、勝任故事、特點故事、優勢故事、細節故事、壓力故事。以下，我們就進入第一種形式的學習：初心故事。

2.2.1 初心故事：告訴面試官你為什麼來

在收到求職者的履歷之後，用人單位對求職者的基本經歷已經有一定的瞭解，也知道求職者有應徵職位的意願，但對於一些實際的問題還是會有些疑惑。比如：

「你為什麼應徵這個職位？」

「你想嘗試這個產業，是出於慎重的考慮，還是心血來潮？」

「遇到困難你會輕易退縮嗎？」

要想回答這些問題，用人單位就需要瞭解求職者**應徵的動機**是什麼，也就是「初心」。

■ 1.初心，是堅定選擇的原因

一般而言，面試官會透過以下幾個問題來瞭解求職者的初心：

「你之前沒有××的經驗，為什麼會想來應徵××的職位呢？」

「你的職涯規劃是什麼？」

「如果這個職位和你的期待不符，你會怎麼辦？」

這些問題主要是為了瞭解求職者的穩定性。因為，**如果求職者應徵職位是經過深思熟慮，他就不會輕易因為困難而放棄，或者離職。**

這裡，我想透過一個小故事來說明，對企業來說，瞭解求職者的初心有多麼重要。

我曾經面試過一位營運經理，她原本的工作是負責一些企業微信號的營運專案，卻應徵我們公司抖音號營運的職位。當時我們的對話如下：

我

你之前是微信營運，為什麼想要應徵抖
音營運呢？

求職者

因為我覺得抖音是一種趨勢，我想嘗試
一下新事物，對我未來的發展有好處

我與求職營運經理的對話

當時，我對她的回答並不滿意，因為她本身並不瞭解企業抖音號的
經營，也沒有在回答中展現出自己在未來的努力。但由於當時人手短
缺，我最終還是錄取她。因為該項工作需要頻繁監測短影片數據，工作
比較單調，在她工作一個星期後，連招呼也不打一聲就退出客戶群組，
提出離職。她的這項舉動差點被客戶投訴。

對於企業來說，瞭解求職者的初心，對於判斷他是否會穩定於這個
職位非常重要。

2.初心故事，幫你獲得面試官的信賴

那既然瞭解初心對企業來說如此重要，作為求職者，我們應該如何
講好初心故事呢？

一般來說，好的初心故事會解答兩個問題：**為什麼是我（Why me）**、
為什麼是你（Why you）。

為什麼是我：我作為一名求職者，是出於什麼原因加入這個產業？又是因為什麼原因應徵這個職位？我需要透過自身的經歷告訴面試官，為什麼我是最合適的人選。

為什麼是你：你作為一家公司，對我來說意味著什麼？你的哪些公司精神和文化打動了我？我需要透過故事來告訴面試官，選擇這個職位是出於謹慎選擇，而非一時衝動。

回答好這兩個問題，就能幫助你解除面試官的顧慮，從而獲得信賴。

以下，我透過一個案例，也是自己的親身經歷來講解，如何透過講好初心故事，爭取到心目中的工作機會。

 案例 **我如何透過講好初心故事入職知名房仲公司**

「你沒有相關的工作經歷，怎麼證明你能做到呢？」

這是畢業第一年，我被面試官問過最多的問題。

那時，我拿著某知名衛浴公司財務部的實習經歷，四處應徵著創意文案的工作。因為我確信：用文字的力量激勵他人，才是我真正想做的事。我應徵過報社、雜誌社、廣告公司。但每次得到的回答都大同小異：沒經驗，不考慮。

在第九十九次被拒絕後，不知是不是命運的眷顧，我突然收到一份

全國知名房仲的面試邀約。職位在內宣部，負責企業報導的撰寫，挖掘全國一萬多名經紀人的光榮瞬間。

我欣喜若狂：用寫作鼓勵他人，不正是我一直想做的事情嗎？問題是，他們能相信我嗎？

我快速讀了一遍職位描述（見下圖），開始思考應對策略：

職位描述
新聞稿　員工關懷　企業文化

職責描述：

- 制定建造企業文化的實施計畫。
- 根據公司的戰略目標和戰略計畫的改變，定期針對建造企業文化及其實施計畫進行修訂。
- 充分運用各種管道，對公司各部門或子公司進行企業文化的宣導推廣。
- 定期對建造企業文化進行成效分析。
- 負責公司各宣傳標語口號的編寫工作。
- 抓好對外宣傳報導，樹立良好的企業形象。負責員工思想狀況調查工作。
- 完成主管交辦的其他工作任務。

該房仲內宣職位描述

雖然沒有文案經驗，但靠文字傳遞力量，卻是我的初心。

首先，為什麼是我？

我想起在上大學時，在豆瓣上寫文章教宅男如何與女生交往，短短幾天就聚集十多萬人氣。在文章中，我告訴他們：「你不需要完美，也能得到愛。因為在有缺點的人面前，我們才能坦然地承認自己的脆弱和不完美。」

「敢做自己才是真的厲害。你也許有點社恐、有點呆，但很可靠、敢負責。這樣真實的你，讓人很有安全感。」

有人特別留言來感激我，說因為讀過我的文字振作了起來。我突然想到：如果我把「用文字激勵他人」的初心告訴面試官，他是不是就能相信我的能力？

第二，為什麼是你？

我曾在網路上看到過這家企業的一則宣傳短影片：短影片中的經紀人為了瞭解業務區域內所有大樓的真實情況，一個月內跑壞三雙鞋。這個短影片內容讓我久久難忘。我相信，這樣一個有崇尚敬業精神的公司，會是我理想的奮鬥土壤。

於是，三天後，我在面試現場跟面試官講了這兩個故事。面試官當時跟我說：「這個職位，我們面試過九十九個人，一直沒找到合適的。但今天遇到你，我就知道，整個面試過程可以圓滿結束了。」

後來，我到那家房仲工作，並成為有史以來第一個到職第三週就獲得CEO嘉獎的人。

■ 3.用好「三個主動」，讓初心故事更具可信度

以上，我講述自己如何透過回答好「為什麼是你」、「為什麼是我」，講好自己的初心故事。以下，我會教大家如何透過「三個主動」，讓初心故事更加可信。它們分別是：**主動分享真實**、**主動解答疑惑**、**主動提及困難**。

（1）主動分享真實。

求職者需要**主動提供與初心有關的真實資訊**，來打消面試官的疑慮。比如我的一位學員小建想要應徵軍隊文書的職位，他在自我介紹中是這麼說的：「因為我的爺爺是軍人，所以我從小就有當軍人的夢想。」當時，這個理由並不能說服我，因為爺爺是軍人和自己想當軍人沒有必然關係。後來在我的再三追問下，他才坦言，當年爺爺因為身體的關係，最終沒有被部隊錄取，這件事一直是他心頭的遺憾，因此軍人的夢想就在他心裡暗暗扎了根。於是我建議，主動把真實情況告訴面試官，以獲得面試官的信賴。

（2）主動解答疑惑。

對於一些面試官可能會疑惑的點，求職者可以**主動提出來並解答**，幫助對方更瞭解自己。還是以小建為例，他之前是一名遊戲知名企業的營運，面試官肯定會好奇，為什麼他放棄知名企業的工作，要到軍中擔任文書工作。為了解除面試官的誤解，他可以主動這樣說：「您一定好奇為什麼我要從遊戲公司轉到部隊工作吧？其實，在遊戲公司的時候，我為了讓用戶留存的時間更長，經常需要設計一些鼓勵時間投入的營運機

制，但我內心卻覺得這對青少年的成長不利。所以，我想投身到可以為國家發展做出更多貢獻的職位。」

（3）主動提及困難。

此外，求職者還需要**主動提及工作中可能會面臨的困難**，讓面試官對求職者的初心更加確信。比如軍隊的環境相對於知名企業而言封閉，面試官肯定會擔心小建以後可能會不適應，那麼小建可以主動對面試官這樣說：「我知道軍隊的生活環境肯定是比較艱苦的，但我在來之前已經做好心理準備。大學實習期間，我就曾經到山區參與支援教育，在我看來，那裡的生活環境雖然苦，卻對我的成長很有意義。」

善用這「三個主動」，能打破面試中的資訊不對稱，從而可以更完整描繪自己的初心。下一小節，我會跟大家聊聊，如何講好面試中的「潛力故事」。

思考題

1. 如果你想轉職，面試官想瞭解你轉職的真實原因時，你會如何回答？請結合「為什麼是你、為什麼是我」進行思考。

2. 如果你新應徵的職位薪水低於你原來的薪水，如何讓面試官相信你是堅定選擇這個職位呢？請結合「三個主動」進行思考。

2.2.2 潛力故事：證明另一種可能

　　當求職者應徵一份與自己背景相差較大的工作時，往往會犯這樣的錯誤：他們會滔滔不絕講述之前的經歷、個人背景、興趣愛好等，期望面試官能慧眼識英雄，從他們的敘述中挖掘出自己可以勝任新職位的潛力。但最終，他們往往不能如願，一週過去了、兩週過去了，他們始終沒有接到邀請他們任職的電話。到底是哪個環節出了問題呢？

1.潛力需要被翻譯

　　曾有位因創業失敗想要轉職編劇的30歲人士來向我諮詢，說自己面試30多家影視公司，為什麼沒有回應。當時我們的對話如下：

我

你為什麼覺得自己能勝任編劇的職位？

我有過創業的經歷，這說明我有創新思維，可以從事創造型的職位；而且個人經歷比較豐富，說明我可以借助個人閱歷寫出好劇情；另外我在創業期間還研究過品牌推廣，說明我有掌握用戶心理的能力。

求職者

我與該轉職人士的對話

　　當我問他：「那你有研究過編劇職位實際是做什麼的嗎？能不能說出大概的工作情況？」他卻無法回答。

　　這就是很多求職者無法通過面試的原因：**他們無法把自己的潛力翻譯**

成面試官可以理解的語言。

一般而言，面試官無法意識到求職者的潛力，主要有以下三個原因：

（1）背景差異。面試官的工作背景與求職者存在差異，這就意味著他們無法從單純的敘述中，快速還原出求職者的工作情境，比如創業有哪些挑戰，實際需要做哪些事，和編劇有哪些相似之處等。

（2）「找現成」思維。相比於尋找可能勝任的求職者，企業更傾向於尋找有現成經驗的人士，他們可以更快上手。因此，面試官不會費盡心力挖掘求職者的潛力。

（3）專業顧慮。俗話說「隔行如隔山」。職位與職位之間有很大的區別，因此面試官會擔心跨產業求職者的專業性不足。

針對這三點，我提出的解決方案是：說好潛力故事，將潛力翻譯成面試官可以理解的語言。

■ 2.潛力故事，讓實力被看見

如何講好潛力故事？這裡，我建議使用「情境還原法」。所謂情境還原法，是指求職者透過閱讀職位介紹與其他資訊，還原出目標職位的真實工作情境，然後透過代入自身故事匹配情境，從而講好具有某種潛力的方法。這樣做主要有以下三點好處：

（1）彌補背景差異。透過故事，面試官可以直接瞭解到求職者的工

作內容，並發現與目標職位的相似之處。

（2）直觀展現經驗。在故事中，面試官可以快速感受到求職者的工作能力，避免因為求職者缺乏經驗而被拒絕。

（3）展現專業。故事還可以展現求職者對目標職位的專業理解，讓面試官對求職者的專業性產生信賴。

以下，我透過分享一個關於自己的故事來說明如何講好潛力故事，以獲得頂尖時尚雜誌社的工作機會。

 透過潛力故事，我獲得頂尖時尚雜誌創意總監的認可

大學快畢業的時候，我十分羨慕時尚產業的工作。那些手提知名品牌包包、衣著光鮮、出入氣派商業大樓的時尚編輯，對我有著特別的吸引力。但有一個問題：那時的我，對時尚趨勢並不瞭解，穿著也很不時尚。這樣的我，怎樣才能應徵上時尚編輯的職位呢？

沒想到，投出幾份履歷之後，居然真的有一家公司邀約我去面試，那就是《紅秀》！而且，在面試信中我還得知，面試我的將會是我很喜歡的時尚雜誌創意總監：鄧刊。於是我很興奮地馬上聯絡認識的人之中最時尚的人——一位在4A廣告公司工作的大學同學，問她：「我馬上要

去時尚雜誌社面試，妳說我穿什麼衣服比較合適呢？」

她回答我，如果平時沒什麼時尚感的話，面試時千萬不要穿造型誇張的衣服，這樣反而會弄巧成拙。

她的話讓我完全恢復理智。我想：對方之所以選中我的履歷，一定是看重我的潛力。我只要講好自己的「潛力故事」就可以了。右圖為應徵職位的職位描述。

我打算透過三個步驟來講自己的潛力故事：第一，還原出雜誌社編輯的工作情境；第二，代入自己的故事，展現出自己的潛力；第三，透過瞭解雜誌社工作細節，展現自己的專業度。

面試當天，創意總監鄧刊問我的第一個問題是：「你之前沒有時尚產業的工作經歷，怎樣快速上手呢？」

針對我對職位需求的理解，我先還原了一下編輯的工作：「據我瞭解，雜誌社編輯的主要工作步驟是：瞭解雜誌架構、確定選題、爭取相關資源、撰寫文案。」

接著，我講了兩個故事，來展現我「瞭解架構」以及「爭取資源」的能力。

第一個故事是：我來之前已經把雜誌社整體的架構背起來。為了增加可信度，我還補充了一個細節：「我對其中一篇描述海灘穿著的文字印象非常深刻，裡面寫道『真正的時尚人士從來不會只有一套比基尼，而是下海有一套，休息有一套，晚宴還有一套』。」

職位描述

職責描述：
- 協助主編的日常工作，如活動聯絡、差旅行程安排等；
- 協助團隊重要活動及拍攝；
- 日常編輯部內容短影片預算彙總及報告等；
- 完成主管交代的其他工作。

任職要求：
- 本科以上相關學歷，英文程度佳優先；
- 一年以上同產業相關工作經驗，有媒體產業經驗優先；
- 有行政工作經驗，優秀的英語口語和寫作能力；
- 熟練 Office（Word/Excel/PPT）、特別是 PPT& Excel；
- 工作認真、細心，有責任感，良好的溝通能力和統籌能力；
- 性格開朗有活力、反應靈敏，具有良好的組織協調能力和團隊精神。

該時尚雜誌編輯職位描述

　　第二個故事是：我很擅長爭取資源。大學時特別迷戀《好聲音》這個節目，恰好一個傳播公司來我們學校做活動，推出辦理 Wi-Fi 套組送《好聲音》門票的活動。我非常想要門票，但不想辦 Wi-Fi，於是我就用

了演說技巧，最後沒花一毛錢拿到門票。

聽完這兩個故事，鄧刊露出讚賞的微笑，轉而又問了我一個很敏感的問題：「你怎麼看待紙媒的衰落？」

這時候，我展現自己對雜誌社工作細節的瞭解。我告訴他，據我所知，在大型時尚雜誌集團，紙媒經營與新媒體經營是兩條分開的路線，而我面試的是紙媒路線。在我看來，雖然現在看紙本的人越來越少了，但一部分追求品質的人，還是會買雜誌來看。

為了給他留下深刻印象，我還描繪了一個情境：「比如，我會在一個陽光明媚的午後，去咖啡店坐一會兒，慵懶地捧起一本雜誌，細細閱讀。因為紙媒的優點在於完整、耐心地敘述一個故事，這是我在新媒體中無法獲得的體驗。」

最終，我拿到該時尚雜誌社的 Offer，雖然由於實習天數限制，我最後沒有去該職位工作，但這次成功的面試經歷，還是讓我意識到講好「潛力故事」的重要性。

■ 3.情境還原三步法，打造可信的潛力故事

接下來，我會跟大家分享如何透過「情境還原三步法」，將自己的潛力翻譯成面試官能理解的語言。這三個步驟分別是：還原真實情境、故事代入情境、細節展現專業。

(1) 還原真實情境。

雖然我們可能沒有目標職位的實際工作經驗，但我們還是可以透過三個方法來瞭解真實的工作情境：

第一種方法是：收集公司官方發布的資訊。

公司官方發布資訊的管道包括官網、公眾號、公關稿、求職平台的公司頁面等。

這裡，我想進一步說明公眾號和公關稿這兩個管道，它們是瞭解職位細節的絕佳途徑。比如現在很多大型集團，都會有應徵專用的公眾號，裡面會有員工分享自己的實際工作體驗，求職者可以從這些體驗中，推斷出這份工作的大致內容。比如有一次，我的一位學員想要應徵一個與人工智慧展會相關的職位，我就建議她先去公司的公眾號上尋找人工智慧展會相關資訊，然後閱讀員工的工作分享內容。透過這個方法，她馬上瞭解到普通展會可能會有的問題，以及人工智慧展會如何解決這個問題。後來在面試中，她詳細與面試官講述應該如何運用人工智慧技術，營造「身臨其境」的展會體驗，給面試官留下深刻的印象。

公關稿也是瞭解職位的重要途徑。比如有些公關稿中，會講到工作的邏輯，這就能幫助求職者還原工作內容。有一次，我面試一家技術公司的企劃時，看到公關稿上有一張解釋商業轉化漏斗的圖片，於是，我就根據漏斗的邏輯大致講出企劃的架構和要點，結果面試官非常驚喜，第二天就給我 Offer 了。

第二種方法是：**向前輩或業內人士請教**。

在校友圈、朋友圈中，很有可能有從事相關產業的人，求職者可以向他們請教這份工作的實際內容，主要包括：針對的對象是誰、有哪些困難點、做好那份工作的關鍵是什麼。

第三種方法是：**參加相關課程的學習**。

對於一些常見的職位，比如廣告企劃、人力資源師等，市面上已經有相當多相關的課程，求職者可以透過學習瞭解這個職位的實際內容。在選擇課程時，建議選擇權威專家的課程，他們在產業的時間較長，視野也會更加廣闊。

透過還原真實工作情境，我們可以推斷出大致的工作步驟，根據這些步驟，求職者可以帶出一些核心能力，比如：「數據分析能力」、「跨部門協調能力」等，然後針對這方向講好潛力故事。

(2) 故事代入情境。

接下來，求職者需要**獲取過往經歷中的亮點故事**，把它們代入工作情境中。

比如，求職者曾經是一名企劃，想要應徵營運的職位，可以這樣說：「在我看來，營運需要的一項核心能力，就是對受眾心理的瞭解。在過去的企劃生涯中，我曾經透過三天快速的學習，瞭解新鮮零食這一細分產業，然後透過對用戶心理的深入理解獲得提案的成功。我相信，這項能力也能幫我做好營運的工作。」

透過故事代入情境的方法，可以讓面試官快速相信求職者有勝任的能力。

（3）細節展現專業。

在代入自身故事之後，面試官可能還會對求職者的專業性有所懷疑，因為求職者畢竟沒有實際操作過，錄用有一定的風險。

這時，求職者就可以透過**提前瞭解專業細節**的方式，打消面試官的顧慮。

比如，求職者在面試短影片剪輯師的時候可以這樣說：「我瞭解到，剪輯師這個職位最花費時間的部分是找素材，我平時有隨手保存素材的習慣，還建立了自己的素材庫。我相信這個習慣可以幫助我優化工作效率。」

透過「情境還原三步法」，求職者可以讓面試官瞭解自己的潛力，相信自己的潛力，認可自己的潛力。在下一小節，我會跟你聊聊，如何講好面試中的「能力故事」。

思考題

1 潛力和能力的差別是什麼？為什麼潛力更難被面試官感受到？

2 潛力故事對於晉升面試有沒有幫助？如何在晉升面試中講好潛力故事？請結合「還原真實情境、故事代入情境、細節展現專業」進行思考。

2.2.3 能力故事：展現具體工作實力

很多求職者會有這樣的困惑：「我在履歷上展現了優秀的能力，比如說自己寫過10萬＋曝光量的文章，還帶過30人的團隊。為什麼面試後沒有被錄取呢？」

這呈現出很多求職者心理的一種誤區：覺得用數字來展現能力就夠了，卻忽略面試官更注重能力能否在新職位上靈活運用。那麼，如何讓面試官相信自己的實力呢？

■ 1.怎麼做，比做到什麼更重要

一般而言，面試官會從三個角度來評價求職者的能力：**可複製**、**可落實**和**可評估**。

（1）可複製：寫過10萬＋曝光量的文章，以及帶過30人的團隊，都

不能代表求職者在新職位上一定會表現出色，因為新職位的產業、目標受眾、公司環境都可能與之前不同。所以，更重要的是能力背後的思維模式。也就是說，當求職者遇到一個新問題時，會從什麼角度切入，有沒有可複製的思考方法。

（2）可落實：很多人會在面試時，大談特談自己過去的工作方法，但這樣也會有一個問題，那就是面試官無法透過求職者的描述，判斷他的方法能否在實際情境下發揮作用。比如，有一次，我在應徵抖音短影片導演時，一位求職者就與我大談自己是如何在影片中運用懸念的，從知名電影案例，到廣告金獎作品，但他卻忽略了一件事：我面試的是短影片導演，比起巧妙的懸念鋪陳，觀眾更在意導演能否簡潔表達主題。所以，方法能在實際情境下落實是很重要的。

（3）可評估：成果必須與目標相匹配，比如求職者經營一個教育產業的公眾號，核心的衡量指標是多少學員透過公眾號購買課程，那求職者就不能把曝光量當作成果。求職者需要告訴面試官，自己清楚各階段的目標，並能在相應的目標下發揮能力。

綜上所述，展現自己是怎麼做的，比做到什麼更重要，因為這能表明求職者的能力是可複製、可落實、可評估的。

■ 2.能力故事，讓實力可信服

針對面試官對能力「可複製、可落實、可評估」的需求，我建議透過

三個步驟來提升能力的可信度，分別是：獲取觀點、聚焦情境、匹配目標。

（1）獲取觀點：既然面試官更在意能力背後的思維模式，求職者可以**借助對這個產業的認知和經驗，彙整出自己的觀點**，以獲得面試官的認同。比如，求職者是一名房地產銷售主管，面試官問他怎麼保證自己的業績在新公司能依舊出色，他可以說：「我覺得，作為一名房地產管理人員，提升整體業績比提升個人業績更重要。因此，我經常會向部屬『請教』，看他們最近在工作中有沒有遇到什麼難題，是如何解決的。如果某個方法值得參考，我會在部門內推廣，讓所有同事都來學習該方法。」這樣，面試官就更能相信，求職者的能力能在新公司發揮作用。

（2）聚焦情境：求職者可以透過聚焦一個與職位類似的情境，然後**描述自己完成任務的實際方式**，讓面試官相信自己的能力是可以落實。這裡還是以面試短影片導演為例，應徵者可以說：「我曾為一款酒釀甜品拍攝宣傳短影片，在20秒的短影片中，我只反覆強調『甜』這一個特點，比如甜是兒時的味道，甜是下班後的放鬆，甜是對自己的寵愛。後來，這段短影片在網路上走紅，並吸引大量客戶到店購買，大家都對甜這個特色印象深刻。」這樣，面試官就會知道他清楚短影片要掌握的重點。

（3）匹配目標：求職者還可以提前瞭解目標公司的獲利模式，並針對各階段的目標，**重點式描述自己的能力**。比如，他可以說：「我發現

貴公司主要的獲利模式是在收集高品質的線索，並儘可能地促進線索轉化。因此，我覺得第一階段的目標是測試管道，判斷哪種管道的線索品質更高，在這方面，我有豐富的經驗，曾經用兩週的測試，找到五個有效的管道。」這樣，就更方便面試官針對求職者的能力進行評估。

　　以下，我會結合自己面試 4A 廣告公司的經歷，告訴你如何在面試中講好能力故事。

 我用能力故事，征服 4A 廣告公司總監

　　畢業第二年，正想換工作的我收到一份面試邀約，來自一家比較知名的 4A 廣告公司，職位是資深企劃。這個機會對我很重要，因為作為一名 4A 員工，我會服務來自全球的頂尖品牌，像歐萊雅、路易‧威登、香奈兒等，那些響噹噹的品牌曾在我夢裡縈繞。

　　而且在面試前我得知，企劃部的總監會直接面試我，這就更令我興奮與緊張。「總監級的人，會更在意什麼？」我問自己。

　　作為一名企劃，重要的是寫出能讓客戶買單的方案。所以「賣得出去」，是企劃能力的核心。怎麼證明自己的方案「賣得出去」？不能只是單獨交個案子給面試官，而是要從講述中透露出我對企劃的思考。

　　因此，我決定透過講好「能力故事」來展現自己對企劃的思考。主要包括獲取觀點、聚焦情境、匹配目標三個步驟。下圖為該職位的職位描述。

職位描述

新媒體　文案企劃　短影片企劃

職責描述：

- 品牌策略：解讀品牌訴求、洞悉用戶問題、挖掘觸達情境，建立品牌整合行銷策略方案，包括品牌價值梳理、品牌溝通策略、品牌傳播策略、品牌新體驗創造；
- 整合行銷：以消費者為核心，針對品牌、平台、產品、第三方、銷售端等多個獨立領域進行整合協同，制定行銷解決方案。

任職資格：

- 中文、廣告傳播、市場行銷、企劃、新聞、公關等相關專科以上學歷；
- 有扎實的 PPT 方案技巧、良好的企劃及執行能力，思考靈活、邏輯清晰；
- 熟悉品牌建立專案溝通，品牌分析、定位、品牌核心價值系統建立、品牌形象塑造（CI/VI）、品牌訴求、品牌推廣等策略性工作與流程；
- 從事品牌企劃三年以上工作經驗，有品牌企劃、行銷企劃、廣告企劃等工作經歷，曾任職於諮詢企劃公司、品牌設計公司、廣告公司的相同職位；
- 有全案企劃、品牌整合推廣及策略執行能力，有較為成熟的案例作品。

該廣告公司企劃的職位描述

第一，我需要彙整自己對企劃的理解，提出自己的觀點。

比如，當總監問我：「你認為『企劃』是什麼？」時，我回答：「企劃就是『市儈』和體面。市儈，就是直擊客戶問題。體面，就是用客戶信賴的方式說話。」那一瞬間，我從他的眼裡看到了欣賞的光芒。

好的觀點，可以展現出你在產業內的專業思考，也更能讓面試官相信，你的能力可以複製到其他專案。

第二，我要聚焦關鍵情境，展現能力可以落實。

比如，在展現自己是如何「直擊客戶問題，並用客戶信賴的方式說話」時，我的做法是：透過一個好故事，真正讓面試官感受到我的企劃能力。我記得當時準備的是某知名啤酒品牌的新年包裝案。我們團隊設計出一個類似轉盤的結構，叫「10來運轉」，包含了特殊背景下時代運轉的希冀。我沒有直接講述企劃中的細節，而是別出心裁地聚焦在以下的情境：

有一次，我和閨蜜一起去普陀山。求籤時，我發現閨蜜許的願望居然不是「遇到帥哥」、「月入10萬」，而是「未來有個健康的孩子」。那一刻我才發現，人們渴望轉運，不是為了自己，而是為了在意的人。正因如此，我強烈說服團隊的其他人，把轉盤QRcode中「為自己求一支籤」的活動，改成「為關心的人求一支籤」的活動，後來果然獲得成功。

我將這個故事告訴面試官，這個情境讓面試官產生深刻的印象。

第三，我要結合公司的目標，重點式地描述自己的能力。

在面試官問我：「你最大的優勢是什麼？」時，我回答：「我知道企劃最重要的目標，就是讓客戶願意為企劃案買單。而我最大的優勢，就是擅長直擊客戶問題，並用他們信賴的方式說話。比如我參與那個啤酒專案的提案時，也使用講故事的方法，向客戶娓娓道出自己的創意，解決他們的問題，最後方案毫無懸念地通過了。」

我透過這三個步驟，成功講出自己的能力故事，征服了企劃部總監，獲得4A廣告公司的Offer。

■ 3.三種技巧，讓能力故事更生動

如何能夠讓能力故事更生動，這三個方法一定要會用。它們分別是：排位法、比較法和證言法。

（1）排位法。求職者可以主動告知面試官，**自己的能力在團隊中處於什麼樣的水準**，這樣可以讓面試官對能力有客觀地評估。比如，在描述自己設計能力的時候，求職者可以這樣說：「我們公司有100名左右的設計師，設計水準在前10%的設計師，會代表公司參加同業的設計比賽，在職三年間，我共代表公司參加過6次設計比賽。」

（2）比較法。除此之外，求職者還可以**透過與團隊內其他成員進行比較**的方式，凸顯自己的能力。比如，在強調自己的溝通能力時，求職者可以說：「在處理工廠的生產問題時，我們組曾分別派出三名成員去解決糾紛，但都沒有成功，而我去和他們溝通之後，問題就順利解決了，他們還主動承諾我會提前完成樣品。」

（3）證言法。在展現某種比較難量化的能力時，求職者可以透過**引用他人證言**的方式，說明自己的能力。比如，客戶曾評價求職者：「別人解決不了的問題，只要×××（求職者的名字）出面協調，就一定能解決。」求職者就可以邀請客戶把這段話列印在紙上，並簽上他的名字，作為能力的證明。

透過這三種技巧，求職者能讓面試官更直接瞭解自己的能力。接下來，我會和你聊聊，在面試中如何透過勝任故事脫穎而出。

1. 為什麼有些獲得頂尖藝術獎項的設計師卻無法得到電商設計師的職位？請結合「可複製、可落實、可評估」進行思考。

2. 當面試官問你：「你怎麼證明，過去的經驗能幫你在新職位中發揮作用？」時，你會如何回答？請結合「獲取觀點、聚焦情境、匹配目標」進行思考。

3. 如果面試官說：「學習能力是很抽象的，你能舉例說明嗎？」你會如何應對？請結合排位法、比較法、證言法進行思考。

2.2.4 勝任故事：為什麼非得你不可

職場新鮮人，通常很怕面試官問這樣一個問題：「你沒有相關經驗，如何勝任這份工作？」

其實，既然履歷被面試官選中，說明這份履歷相比其他履歷而言，有一定的優勢。面試官問這個問題，是想評估求職者是否具備職位的勝任力。

那究竟什麼是勝任力呢？面試官又會如何評估勝任力呢？

■ 1.勝任力，關鍵在於軟實力

「勝任力」這個概念最早由哈佛大學教授大衛·麥克利蘭（David Mcclelland）於一九七三年正式提出，是指能將某一工作中有卓越成就者與普通者區別的個人深層特質。這個概念提出的背景：許多表面優秀的人才，在實際工作中的表現卻令人非常失望。勝任力的結構特質包括個人特質、行為特質和工作的情境條件。其中，個人特質又分為五個層次：知識、技能、自我形象（個人的態度等）、特質和動機（見下圖）。

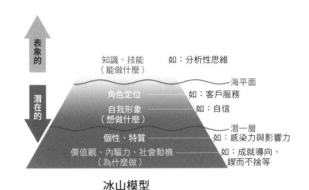

冰山模型

特質系統的冰山模型

透過對上述冰山模型的分析，我們發現：知識和技能對勝任職位固然重要，但海平面下方的部分：自我形象、個性、特質等，也就是我們俗稱的「軟實力」，是更關鍵的因素。其原因有二：

第一，**知識和技能是不斷迭代的**，掌握它們固然能說明求職者的學習

能力，但其背後的深層能力更加重要，即態度、思維模式、特質等。這些可以證明求職者在進入新職位後，依然有足夠的能力繼續學習。

第二，對企業而言，**培訓軟實力比培訓知識和技能的成本更高**。因為具體的技能是容易培訓的，但學習技能的動機卻是很難培訓的。所以，對於面試官而言，錄取已有合適動機的求職者，是更加明智的選擇。

所以，求職者想要展現自己的勝任力，關鍵在於回答好以下三個問題：

①你是否有很強的意願做好這份工作？（態度）

②是什麼樣的動機，讓你渴望獲得這份工作？

③你有哪些特質（思維模式等）能證明你適合這份工作？

回答好這三個問題，可以幫助你說服面試官，為什麼這份工作非得由你來做。

■ 2.講好勝任故事，展現勝任可能

講好勝任故事，關鍵在於三個「展示」：展示動機、展示態度和展示特質。

（1）展示動機：往往是求職者**不同於其他人的，強烈想要獲得這份工作的渴望**。比如在日劇《半澤直樹》中，半澤直樹在回答「為什麼想進銀行工作」這個問題時，他說想幫助像他父親那樣有匠心的企業主。好的動機可以展現求職者對職位的深入理解，也能加深面試官的印象。

（2）展示態度：求職者需要告訴面試官，在過去的經歷中，**他是用什麼樣的態度面對責任的**。是逃避，還是迎難而上？這可以幫助面試官預測，在遇到新的挑戰時求職者會如何應對。也許求職者過去的經歷並不完全與目標工作重合，但面對責任的態度具有一定的恆定性。

（3）展示特質：特質包括一個人的**思維模式、行為特質**等。比如求職者在面對困難時，是喜歡獨自解決，還是選擇與其他人合作？一般而言，特質沒有好壞之分，主要看適不適合這份工作。比如對於部分銷售類的職位，會更看重員工面對機遇時，是否足夠激進；而對於部分財務類的職位，會更看重員工是否有很強的風險意識。

以下，我會透過一個真實案例，來進一步說明如何講好勝任故事。

應屆生憑藉勝任故事，通過知名企業的徵才

一個沒有任何正式工作經驗的實習生，能進知名企業嗎？你可能覺得是天方夜譚。

但如果我說，這個實習生是一個無人零售鮮果專案創始人，某連鎖健身品牌連續三個月的銷售冠軍，以及全國性文創專案負責人，你的結論會改變嗎？

那位實習生就是我的部屬小野，在我的幫助下，他發現自己經歷中的亮點，並成功轉任某網路知名企業的本地生活品牌，成為一名營運。

故事要從我擔任某技術公司營運部主管的第六個月說起。那時，我的團隊正在擴招，因此會頻繁面試一些營運人員。我發現，大多數營運在面試時都會犯一個錯誤，那就是過分強調數據上的增長，而忽視對營運工作本質的理解。比如他們會說：

「在三個月內，我成功讓平台用戶從1000名增長到30000名。」

「透過裂變活動，我幫助粉絲數量增長10倍。」

但當我問他們對營運本質的理解時，他們好像顯得有些迷茫：

「就是把用戶拉進來，然後買課程吧。」

「讓會員參加活動，創造收益。」

在我看來，營運是生意的經營者。一個僅會數據分析或者用戶拉新的員工，稱不上是一名優秀的營運。

所以，當我的實習生小野想要跳槽進知名企業（職位描述見下圖），並找我來修改履歷時，我決定幫助他挖掘工作背後的深層能力，更展現自己的勝任力。

職位詳情

C端用戶　用戶增長

- 制定生命週期分層策略，為租車用戶活躍和留存規模增長負責，透過 AB 實驗提升增長指標及投入 ROI；
- 針對 ▇▇▇ 產業特性，建立會員系統，在 ▇▇▇ 內及外部平台拓展會員權益，提升高價值用戶占比及黏著性；
- 建立端內外的用戶觸點，探索用戶裂變與自傳播、私域社群等行銷手法，沉澱可複製的營運方法和產品能力；
- 透過數據分析、產業用戶調查等方式，發現新的增長機會點，並整合專案資源進行策略驗證與迭代；
- 針對用戶分群和人物誌，探索對應的商品推薦與服務模式，提升用戶轉化效率及滿意度。

職位職責：

- 5 年以上平台型／自營業務用戶營運操盤經驗，熟悉用戶增長的基本方法；
- 結果導向，具有較強的跨部門溝通能力和專案管理能力；
- 具有數據分析 sense，能夠對營運策略進行假設與驗證，或進行指標診斷；
- 有出行產業／OTA 平台／本地生活的用戶營運，或商業化會員模式營運經驗者為佳。

該營運職位的職責

透過對該職位的分析，我建議小野透過展示動機、展示態度、展示特質的方式，講好自己的勝任故事。

第一是展示動機。

我知道小野在大學期間曾在學校門口擺過水果攤，一個月賺過三萬元。我頓時產生興趣，問他是怎麼做到的，他回答：「靠無人零售。當時，很多同學都嘗試在校門口擺攤，但生意都不太好。我發現，他們之所以生意不好，是因為來買的都是熟人，那些客戶會擔心因為同學關係，不方便討價還價，買到了不好的產品也不好意思退貨。於是我就想出一個方法，經營一個無人零售水果攤的網路頁面，所有人在線上購買後，無須對話，實體就能自己取走水果。」

「你不擔心有人多拿或者錯拿嗎？」我問他。

「我覺得做生意最重要的是信賴。所以我沒有安裝監視器，反而寫明是無人水果攤。最後，在月底結帳的時候，發現還多了12元。」

深入溝通後發現，「建立信賴」，也是小野決心成為一名營運的最初動機。於是我建議他面試時這樣說：「我想要成為一名營運，主要是希望透過營運方式，與用戶建立真正的信賴。數據的提升只是表象，信賴才是用戶留在平台上的原因。」並以無人水果攤的例子佐證。

第二是展示態度。

小野在我所在的公司工作期間，擔任某文創專案招募創作達人。為了深入瞭解他的態度，我問：「我記得當時招募達人時，你花了兩個月，招到的達人也只有個位數，結果第三個月，一下子招到四千名。你是抱著什麼樣的態度做到的？」

他回答：「我覺得可以用積極有序來概括我的態度，就是在巨大的

壓力面前，仍然能積極面對，並快速找到工作的頭緒。當時有位達人主動提議要和我一起招募，然後分成。我發現她不是透過傳統的應徵管道進行招募，而是把活動公布在一些任務懸賞平台上，透過活動來招人。我透過這個方式迅速找到工作的突破點。如果我沒有積極的工作態度，或者快速找到頭緒的能力，很可能被壓力嚇倒，無法出色地完成工作。」

第三是展示特質。

小野說自己在大學時，曾兼職擔任過某連鎖健身品牌的業務，並連續三個月拿到銷售冠軍。我問：「你是怎麼做到的？」

他說：「我有一個特點，叫『擅長找關鍵』，就是在工作之前，先問問自己做好這項工作的關鍵點是什麼。我發現，讓一位客戶續繳的關鍵，是讓他們擁有自信。當他們發現，透過較為輕鬆的訓練，就能看到明顯的效果，他們就會信任你，從而續繳。很多銷售之所以失敗，因為他們總是強調老師有多專業，健身品牌有多權威。但他們忽略了一點，只有當客戶有自我提升的意願時，才會持續購買服務。」

這個故事讓我眼前一亮，因為它看起來說的好像是銷售，其實和營運也有共通之處。營運的工作重點是留存用戶，而用戶之所以願意留在平台上，不僅是因為頻繁的激勵動作，更因為他在平台上得到了自信，比如透過簡單的操作，就可以做出出色的作品。

最後，靠著這三個勝任故事，小野成功轉職到某知名網路企業。他成功的核心原因是不局限於描述具體的工作技能，而是從勝任力的角度，直擊營運工作的本質，從而擊敗其他競爭者。

■ 3.六個步驟，幫你講好勝任故事

首先，展示動機分為兩個步驟，即概括動機與解釋動機。

（1）概括動機。求職者需要用20字以內的話來概括自己的動機，比如在小野的案例中，「透過營運方式，與用戶建立真正的信賴」就是他成為營運的動機。動機需要展現求職者對目標職位工作的理解，比如應徵醫生時，「離家近，收入穩定」就不是一個很好的應徵動機，因為它可以被運用到任何職位，而「想救治像我奶奶這樣的阿茲海默症患者」是一個更好的動機，因為它展現求職者對醫療產業的理解是「救治」。

（2）解釋動機。求職者需要解釋動機與目標職位的關係。比如小野說的「數據的提升只是表象，信賴才是用戶留在平台上的原因」，一語就道出「建立信賴」與營運工作的關係。解釋動機，能展現求職者對職位的深入思考。

第二，展示態度也分為兩個步驟，即概括態度與解釋態度。

（1）概括態度。比如「積極有序」，就是小野對自己態度的概括。態度概括無須太長，但要呈現自己與他人的差異。比如字節跳動CEO張一鳴對自己工作態度的概括是「謀事不求易成」，這展現他作為網路工作者的獨特態度，即是將產品做到極致。

（2）解釋態度。求職者需要清楚解釋自己的態度應如何在工作中發揮作用。如在小野的例子中，「在巨大的壓力面前，仍然能積極面對，並快速找到工作的頭緒」就是他對態度的解釋。一個好的例子能增強面試

官對求職者態度的感受度。

第三，展示特質也分為兩個步驟，即概括特質與解釋特質。

（1）概括特質。比如小野對自己特質的概括是「擅長找關鍵」。概括特質時需要做到：易懂並且與目標職位匹配。

（2）解釋特質。求職者需要解釋特質對工作的幫助。比如小野說的「在工作之前，先問問自己做好這份工作的關鍵點是什麼」，就是對自己特質的解釋。求職者同樣可以透過案例來幫助面試官理解求職者的特質。

透過這六個步驟，求職者能讓面試官更清楚自己的勝任力。下一小節，我會和你聊聊，如何透過特點故事抓住面試官的注意力。

思考題

1 在知識和技能都快速迭代的網路產業，求職者如何說服面試官自己具有勝任力？請結合「勝任力的關鍵是軟實力」進行思考。

2 當面試官問你：「你沒有相關經驗，如何證明自己能勝任職位」時，你會如何回答？請結合勝任故事的三個「展示」進行思考。

3 如果面試官說：「其他競爭者和你的能力差不多，你有什麼不同於他們的地方？」你會如何應對？請結合勝任故事的六個步驟進行思考。

掃 QRcode 看短影片

2.2.5 特點故事：刻畫獨一無二的你

　　在一些非技術類職位的面試中，如市場、營運、銷售等，求職者的能力特質往往是高度重合的，如溝通能力強、善於掌握用戶心理等。這會導致一個必然結果：面試官對大多數求職者印象不深。那麼，如何在有限的時間內，把自己的能力表達清楚，並讓面試官記住呢？

　　這裡的建議是：講好特點故事，刻畫獨一無二的你。

■ 1.特點，是對職位特質的高度概括

　　特點，是對求職者能力的亮點，但如果脫離職位所需的特質，不但不能帶給面試官深刻印象，還可能適得其反。曾有位學員來找我做面試輔導，他想要面試某公司針對企業端的銷售總監職位（職位描述見下頁圖）。

　　當我讓他統整一下自己的特點時，他回答：「我最大的特點，就是善於協調人手，比如我對某個產業的客戶不熟悉時，會快速安排熟悉該產業的同事進行跟進。」在我看來，這個特點會讓他減分，因為暴露出他無法快速學習產業知識的弱點。而如果求職者對企業端銷售所需的特質進行彙整，會發現快速學習不同產業知識，是一個非常重要的能力。

職位詳情

政府／社會團體　企業（To B）　軟體／企業服務產品

職位職責：

- 負責 ▇▇▇▇ 平台軟硬體解決方案在泛產業領域（政務、企業、消費類、燃氣、水務、電力能源、地產園區等）的銷售工作；
- 負責 ▇▇▇▇ 技術合作生態夥伴的拓展、引入；
- 拓展產業協會和聯盟，組織參加產業市場活動、展會，進行塗鴉開發者生態的宣傳、布道；
- 賦能合作夥伴IoT轉型與能力提升；
- 負責制定客戶經營計畫，達成銷售業績目標。

某企業端銷售職位描述

　　在我的建議下，他最終將自己的特點定為「跨背景溝通能力強」，即面對不同產業背景的客戶，都可以根據對方的產業特點介紹產品，比如針對快消類客戶，凸顯自己的產品效率高，能適應快消產業的快節奏；針對農貿客戶，凸顯自己的產品簡單易懂，不需要很強的產業背景也能快速掌握。

　　當求職者的特點與職位所需特質高度一致時，面試官更容易對求職者產生深刻的印象，覺得他是獨一無二的。

■ 2.講好特點故事，將特點反覆強化

想要講好特點故事，我建議的方法是：找到一個與職位高度相關的特點，然後反覆強化。這個過程可分為以下三個步驟：

（1）分析職位。求職者可以透過閱讀該職位的介紹、所需技能、公司介紹等，彙整出該職位所需的核心特質。接著，需要對職位進行深入分析。比如面試銷售類的職位，很多求職者喜歡強調自己「溝通能力強」，但其實不同類型的銷售，需要的溝通能力不同。比如，電話銷售需要隨機應變的能力；而大客戶銷售需要更強的邏輯性，以及書面化表達能力等。

（2）找到特點。求職者需要結合自身找到最適合職位的特點，可以先把自己的特點一次全列在紙上，然後對比職位篩選出相關的特點，最後挑出最具說服力的那一個。這個特點往往有很多故事可以佐證。

（3）反覆強化。找到特點後，求職者可以透過3～5個故事來進一步說明，以加深面試官的印象。可以列舉不同的情境，比如面試企劃專員時，「善於創新」這個特點就可以分為設計企劃案時、提案時、執行時三個不同的情境，然後分別用故事來佐證。

以下，我透過一個案例來詳細說明如何講好特點故事。

 轉職頂奢酒店，特點故事打動面試官

　　某一年的校園徵才季，我接到一份特殊的委託，協助一位叫莉莎的應屆生寫一份履歷，她的目標是想進到一家世界知名奢華酒店，擔任管理層。

　　之所以說這個委託特殊，是因為酒店業屬於服務性產業，這就意味著很難用量化的指標來展現自己的能力。求職者不能說：「我擁有優秀的服務能力，因為我兩週內共清洗了1000個盤子」，或者「我的溝通能力很出色，因為我一個月內共與500名顧客談過話」。

　　除此之外，一些常用的履歷技巧也很難發揮，比如列舉業績。作為一名服務人員，你很難將服務本身與業績掛鉤。你不能說：「由於我始終貫徹微笑服務，因此門市上半年的業績提升30%。」

　　那怎麼才能展現良好的服務意識呢？思前想後，我決定使用特點故事幫助莉莎進入心目中的酒店。

　　講好特點故事一共分為三個步驟：分析職位、找到特點、反覆強化。

第一步是分析職位。

　　透過閱讀該酒店職位須知（見下圖），我發現了一個有意思的地方：該品牌的座右銘是「以紳士淑女的態度為紳士淑女們忠誠服務」，這可能是一個核心突破點。

> 我們的座右銘：我們以紳士淑女的態度為紳士淑女們忠誠服務
> 我們的紳士淑女是對顧客服務承諾中最重要的資源。透過實施信任、誠實、尊重、正直和承諾的原則，我們培養並充分發揮員工的天賦以達到個人和企業的互利。████致力於創造一個尊重差異化、提升生活品質、實現個人抱負、鞏固████成功祕訣的工作環境。

該酒店服務職位描述

第二步是找到特點。

我知道莉莎曾在甜品店實習過，便問她：「在你實習期間，有沒有什麼指標性的工作特點？」

莉莎回答：「那就是我的招牌『微笑服務』啦！每次我接待顧客的時候，都會帶著恰到好處的微笑，詳細詢問顧客的喜好、忌口等，慢慢就積累很多回頭客。由於我服務出色，一位來成都旅遊的客人特別為我寫了一封800字的表揚信交給經理處，表示『我的笑容是他來成都收到的最好禮物』。」

這個特點讓我眼前一亮，它正與品牌的座右銘不謀而合！因為微笑是恰到好處的笑容，正好展現淑女的態度。於是，我建議她在個人簡介的部分這樣寫：「認可×酒店的座右銘，能與自身的招牌微笑服務理念進行融合。」

第三步是反覆強化。

我建議莉莎準備3～5個故事，來更凸顯「微笑服務」的特點。可分為不同情境，如：詢問需求時、解決投訴時等。比如在詢問需求的情境下，她準備的故事是：「有一回，我在服務一位來自上海的高端客戶過程中，敏銳地發現他有醒酒的需求。於是，我提前去倉庫準備替代器皿，替他醒酒，整個服務過程中帶著恰到好處的微笑。最後我獲得這位客戶的點名稱讚。」

最後，莉莎透過講好自身的特點故事，打動了面試官，從眾多競爭者中脫穎而出，順利加入該頂奢酒店擔任管理層。

■ 3. 做好「三化」，讓特點故事更生動

若想讓特點故事更生動，我的建議是做好「三化」，即形象化、細節化、情境化。

（1）形象化。相比直接描述特點如「親和力強」等，把特點形象化，如「微笑服務」，更能讓面試官產生深刻印象。形象化的關鍵在於：**從受眾的感受角度出發，重新定義特點**。比如文案寫得好，從受眾的視角出發，就是擁有讓人「秒讚」的能力，「秒」凸顯速度，「讚」凸顯行為。再比如談判能力強，就是「讓客戶笑著續繳」。不同的表達方式會讓特點本身更具記憶度。

（2）細節化。求職者還需列舉一些與特點相關的細節，增強可信度。比如莉莎的案例中，客戶主動寫表揚信稱讚自己，就是一個很好的細節。

需要注意的是，特點的細節需要能**真實表現職位所需的能力**。比如有一次，我應徵一個文案的職位，有位求職者以前當過心理諮詢師。我們當時的對話見下圖：

你說你很受諮詢者的喜愛，有什麼例子可以證明嗎？

我

有很多諮詢者主動加我Line。

求職者

我與該求職者的對話

在我看來，這就不是一個很好的細節，因為加 Line 這個行為並不能證明他受到諮詢者的喜愛。而「之前冷漠的諮詢者，在經過諮詢後，主動熱情地稱讚自己」，可能是一個更有說服力的細節。

（3）情境化。特點需要與具體的情境相掛鉤。求職者可以根據職位的需求，細化出 3～5 個情境，然後有針對性地描述自己的特點。比如採購職位「細心」這個特點，就可以細化出前期調查時的細心、談判時的細心、簽訂合約時的細心等不同情境，展現求職者對目標職位的瞭解。

透過「三化」，求職者可以更深入描繪自己的特點，刻畫獨一無二的自己。下一小節，我會和大家分享如何講好優勢故事。

1. 如果你應徵的是市場、營運、銷售等非技術類職位，如何凸顯自己的優勢？請結合「分析職位、找到特點、反覆強化」進行思考。
2. 小王去面試教師的職位，想要凸顯自己耐心這個特點，如何展現出與其他人的差異？請結合「形象化、細節化、情境化」進行思考。

2.2.6 優勢故事：發掘無法替代的優勢

在我帶學員做面試輔導的過程中，經常會遇到這樣一種溝通，如下圖：

你最大的優勢是什麼？

我

我覺得我沒什麼特別亮眼的優勢。你能
不能教教我該如何回答啊？

學員

我與部分學員的對話

但有趣的是，在他們投遞履歷的時候，其實內心都是覺得自己是有
應徵優勢的。比如應徵銷售職位的同學會想：「我大學的時候擔任過班
長，溝通能力比一般人強一些」，而應徵設計師職位的同學會想：「我上
學時經常被老師誇獎美術眼光獨到，也許適合做設計師吧！」

正是這些被誇獎、被認可的經歷，讓他們傾向於去應徵某些職位。
但在面試時，由於緊張，這些優勢都回想不起來了，只能機械式地答出
一些沒有創意的回答，比如「我很細心」、「我做事認真」。

那如何避免這種情況的發生呢？這裡的建議是：提前準備好優勢故
事，讓面試官眼前一亮。

■ 1.優勢，是你的不可替代之處

如果把「你的優勢是什麼？」這個問題補充完整，會得到這樣一句話：「應徵這個職位，你有什麼他人無法替代的優勢？」

其中包含兩個資訊：

（1）**優勢是相對於職位而言的**。也就是說，相比於其他職位，求職者的優勢更適合他所應徵的職位。這樣才能讓面試官信服求職者的應徵是出於謹慎考慮。

（2）**優勢是他人難以替代的**。面試是一種篩選，求職者需要給出錄取自己不錄取別人的原因，才能成功。因此求職者需要證明，自己的優勢相比其他人的優勢更適合這個職位。

那如何找到其他人無法替代的優勢呢？我的建議是：**回憶自己應徵的初心，然後反覆追問**。求職者可以問自己：「為什麼我應徵文案企劃的職位，而不是銷售呢？」

回答可能是：「因為我從小就對文字特別敏感，中學時還報名成為報社的小記者。」

然後繼續追問：「為什麼報名小記者會成功？」

回答可能是：「因為我有快速學習的能力。在報名前，我熟讀每個專欄的文風，然後模仿寫出5篇，最終被報社錄取。」

透過這個方法，求職者就能快速找到其他人無法替代的優勢。接下來，我會教你如何運用優勢故事，幫助面試官記住你的優勢。

■ 2.優勢故事，讓優勢可記憶

一般而言，好的優勢故事有以下特徵：

(1)5秒亮重點：優勢是可以被簡單易懂的語言概括。如果面試官能快速記住求職者的優勢，也會有更強的意願往下聽。

(2)適當設立懸念：列舉一個其他人很難做到的結果，然後讓面試官猜猜自己是如何做到的，可以讓優勢故事更具戲劇性。

(3)還原情境：對工作的真實情境進行還原，解答面試官的疑惑，讓優勢更深入人心。

(4)強調與職位的關係：最後展現出自己的優勢如何運用在工作中，以增加說服力。

接下來，我會透過一個案例來說明如何透過優勢故事打動一位前阿里戰略營運專家，轉職一家新銳技術公司。

面試人工智慧行銷公司，我教阿里戰略營運專家如何「自我包裝」

　　做了幾年文案工作後，我對自己的宣傳能力越發自信，產生想挺進市場部的想法。當時，我注意到人工智慧行銷正逐漸形成一種新趨勢，越來越多的品牌開始使用自動化行銷工具，替代原來低效的行銷方式。我彷彿看到行銷的未來在向我招手。「如果我能成為一名人工智慧行銷的『宣傳者』，那該多酷啊！」

　　我開始應徵人工智慧行銷公司市場部主管的職位，不久收到一則面試通知。

　　寄給我通知的公司，主要銷售企業級人工智慧行銷操作系統。我面試的職位（見下頁圖），負責宣傳一款自動化行銷產品。面試前，我詳細閱讀它的產品介紹，裡面充滿艱澀難懂的技術名詞：後鏈路數據打通、資訊孤島、ID-Mapping、全域標籤系統……

職位詳情

電商　團隊管理經驗　B端客戶

職位職責：

- 根據公司發展戰略規劃，進行公司市場戰略規劃及系統建立和品牌規劃及品牌系統建立；
- 根據公司不同產品的特點，制定不同營運階段的市場推廣行銷策略與方案，跟進並執行；
- 負責產業大客戶和產業KOL的推動和關係維護，從市場推廣角度落實客戶關係；
- 各通路宣傳方向、創意及資源整合聯動，提升整體內外宣資源使用效率；
- 負責展會、大客戶關係、獎項申報、產業協會與生態夥伴拓展等；
- 能夠獨立的規劃團隊結構，管理團隊完成既定目標。

該人工智慧行銷公司市場職位描述

　　讀了不到十分鐘我就快睡著了，這讓我產生自我懷疑：沒有任何技術背景的我，真的適合這個職位嗎？

　　但我又突然想到：既然我讀這些產品簡介這麼費力，消費者一定也和我一樣肯定霧裡看花。

　　而我的優勢，恰恰是看不懂這些名詞，因此能從一個全新體驗者的角度來看待產品。

想到這一點，我突然渾身充滿自信。

第二天，我來到面試現場，得知我的面試官是原阿里的戰略營運專家。他三十多歲，穿著IT界盛行的套頭毛衣。

我做過簡短的自我介紹後，他問我：「你之前沒有技術產品的推廣經驗，如何證明你能勝任這份工作？」

我知道，我的「故事面試法」又能登場了，於是我不慌不忙地回答：「雖然我沒有相關背景，但我的優勢是特別擅長宣傳。我認為，如果自我介紹無法在5秒內被人記住，它就失敗了。」

他似乎產生興趣，我繼續說：「我是一名有10萬以上粉絲的自媒體博主，從中學起，我就特別擅長宣傳自己。當時我參加某市一個原創音樂比賽，並成為該市唯一一名被獨家採訪的選手。我是怎麼做到的呢？我為自己寫了一份個人簡介，簡介中的自己是校園風雲人物，才華勝過林黛玉，情商勝過薛寶釵。因為音樂比賽很看重選手本身的話題性，所以這段簡介讓我脫穎而出。

「後來，我開始在知乎上創作文章，並逐漸累積出一點名氣。有一天，「新世相」（中國知名的自媒體機構）找到我，要對我進行採訪。後來，那篇採訪我的文章獲得不錯瀏覽量，我是怎麼做到的？我介紹自己的時候是這樣說的：『這是一個副業收入是主業收入三倍的年輕人。』因為我知道「新世相」最典型的受眾是有獨立想法的年輕人，他們不拘泥於朝九晚五的生活方式，而是喜歡嘗試多元化的人生。

「我的優勢，就是能結合受眾的特性，讓任何人在五秒內記住我的宣傳對象。我相信相同的優勢，也能發揮在工作上。」

講述故事時，我運用了這幾個技巧：

（1）**5秒亮重點**：直接在故事開頭把亮點說出來，比如「該市唯一一

名被獨家採訪的選手」、「那篇採訪我的文章獲得當月最高瀏覽量」，吸引面試官往下聽。

（2）**設立懸念**：比如讓面試官猜「我是怎麼做到的」，激發他的好奇心。

（3）**還原情境**：具體說出當時做了什麼，如何實現目標的。

（4）**強調與工作的關係**：即「我能結合受眾特性，讓人5秒內記住我的宣傳對象」，這恰恰是這個職位所需的重要技能。

聽完我的故事，那位前阿里戰略營運專家問了我一個有趣的問題：「如果我要去一所大學宣傳我的營運課程，你會怎麼用你的『5秒法則』幫我包裝呢？」

我想了想，說：「我會這樣介紹您——一個麥田裡的守望者。《麥田守望者》是我大學時深愛的作品。我覺得戰略營運專家的角色，就很像麥田裡的守望者，維護著一切的秩序。他們用銳利的眼睛，時刻觀察著專案中的資金、通路、人，並讓它們以最合理的方式運行。我相信，那些大學生聽到這個比喻，一定能馬上理解您是做什麼的。」

他聽完哈哈大笑：「還真是結合受眾的特性進行宣傳啊。」

面試的最終，他握著我的手說：「期待你能加入我們公司，以一個全新體驗者的角度宣傳產品，讓每個消費者真正看得懂、學得會、用得來。」

後來，我加入那家公司，並為那款自動化行銷產品設計出一個能在5秒內記住的定位口訣：「口袋裡的MCN。」所有公司都可以透過這個產品，像MCN（Multi-Channel Network）機構一樣輕鬆管理上千名員工，讓他們拍攝短影片為品牌造勢。這個定位一直沿用至今。

■ 3.巧用故事架構，讓優勢故事更真實

在之前的章節中，我已經介紹 SB7 故事架構，以及它在面試中的運用。這個架構是：「一個人，遇到一個問題，碰到一位嚮導，制定一個計畫，開始採取行動，最終產生了什麼好的結果，避免了什麼壞的結果。」

這個架構常在我教授學員如何講好優勢故事時使用，這裡我詳細講解一下：

（1）一個人，遇到一個問題：比如小王去面試客戶經理，他的優勢是「善於掌握專案進度」，就可以這樣說：「有一次，我們組臨時被安排一個重要專案，需要在兩個星期內完工，並且之前沒有任何參考。」問題需要有代表性，而且不能透過簡單的嘗試解決。

（2）碰到一位嚮導：這個嚮導可以是一種「工作方法」，比如一些知名集團有「作戰室文化」，即在重大專案期間，讓團隊都在專屬作戰室工作。小王可以這樣說：「我參考其他主管的管理經驗，讓團隊在作戰室溝通，提升溝通效率。」

（3）制定一個計畫：對工作方法進行細化，以迎合目標情境。小王可以說：「我對作戰室工作的計畫如下：每天早動員晚彙報，所有人都在線上上傳檔案更新進度，每週彙整一次戰況。」

（4）開始採取行動，最終產生了什麼好的結果，避免了什麼壞的結果。小王可以說：「最後，經過 12 天專案就順利完成，客戶讚賞我們的

效率很高，而且沒有要求退款。」

好的結果可以透過對比法、證言法進行強調。比如：「我解決了其他三名組員都沒有解決的問題」（對比法），「客戶說我們是他見過效率最高的供應商」（證言法）。

透過優勢故事，求職者可以強調自己相對於其他競爭者的不可替代性。下一小節，我將跟大家分享如何透過細節故事，讓面試官忘不了你。

思考題

1 如果你參加一場校園應徵，唯一的工作經驗是在學校社團中擔任過幹事，那麼應如何講好自己的優勢呢？請結合「5秒亮重點、設立懸念、還原情境、強調與工作的關係」進行思考。

2 如何讓自己的優勢被面試官記住？請結合SB7故事架構進行思考。

2.2.7 細節故事：讓面試官忘不了你

在我擔任面試官的生涯中，有時會遇到這樣的情況：有些候選人的經歷從履歷上來看很優秀，但到了實際面試時，卻缺乏實際內容，不能被人記住。比如下圖中的對話：

我

你之前擔任客戶經理時，主要工作是什麼呢？

主要負責客戶的管理。

候選人

我

具體的工作有哪些？

主要是大客戶和小客戶的管理。

候選人

我與某候選人的對話

記不住的原因是什麼呢？因為面試官無法從以下面向對求職者進行區分：

第一，經歷的真偽。

如果候選人確實深度參與了工作，那應該對某些執行細節有深度的洞察，比如資深的企劃師會說：「方案的邏輯有時候比創意更重要，因為只要大方向無誤，細節可以在提案後修改。」而資深的投放師會說：「有些大額廣告投放三天以上才能看出效果，時間太短的話數據具有偶然

性。」但如果回答缺乏細節，就無法判斷候選人是否真正參與了工作。

第二，真實水準。

不同的細節描述，能展現不同的水準。比如在面試剪輯師的過程中，如果剪輯師只描述片子的主題、時長等，而無法描述出對某個具體情境的思考，很可能說明他缺乏對細節的掌握能力。

那麼，如何避免這種情況的發生呢？我的建議是：透過講好細節故事，加強面試官的記憶度。

■ 1. 細節，展現求職者的區分度

下圖是三位人事經理的面試回答，如果你是面試官，會對哪個回答印象更深刻呢？

在職期間，我主要負責技術人員的應徵工作。

小A

在職期間，我主要負責兩類技術人員的應徵，一類是SAAS平台技術人員應徵，共應徵500名；另一類是App技術人員應徵，共應徵300名。

小B

在職期間，我主要做了兩件事，第一是降低成本：把原來應徵五百名SAAS平台技術人員的費用降低30%；第二是增加效能：透過增加培訓機會的方式，提升在職人員的滿意度，降低離職率。

小C

三位求職者的回答對比

答案是小C，原因是他的回答展現了與其他求職者的區分度。但大多數求職者的回答更像是小B，即提供大量無用細節，無法展現真實水準。

那是不是面試中所有問題都需要展現細節？並非。求職者需要在以下三種問題中展現細節：

（1）經歷類問題：比如「在這段經歷中，你主要的工作有哪些？」、「你工作中遇到的最大的挑戰是什麼？」

（2）評價類問題：比如「你對自己的企劃能力如何評價？」、「你對自己的管理水準如何評價？」

（3）實際操作類問題：比如「如果你的部屬不服從管理，你會怎麼做？」、「你到任之後，會怎麼開始展開工作？」

這些問題，僅憑描述很難證明自己的實力，只有透過自己的經歷進行佐證，才能真正展現區分度。

■ 2.講好細節故事，重現解決難題的能力

既然細節的主要作用是呈現區分度，那若要講好細節故事，就可以從以下思考面向出發：

（1）找到切入點：首先，**找到職位的核心需求，再準備細節**。比如某產品經理職位，核心需求是「破冰能力」，即快速融入並帶動人手的能力，那求職者就應該圍繞這方面的能力準備細節。

（2）增加挑戰性：**解決問題的難度，決定了細節的含金量**。好的難題包括以下特性：夠典型、有意義、不可迴避。也就是說，這個問題會在相關工作中反覆出現，且不能透過簡單的處理解決，而如果解決該問題，會對更多人的工作帶來積極的意義。

（3）情境具體化：透過**描述具體情境**，面試官更能瞭解求職者解決問題的思維與水準，從而留下更深的印象。

以下，我們來看一個案例。

 案例 **我為某市A區政府做了份「履歷」，被和比爾‧蓋茲並排推薦**

在我的企劃生涯中，曾接到過一個特殊的任務：為某市A區政府做一份「履歷」——一個專屬的領英旅遊形象主頁，向全世界宣傳當地的旅遊文化。

經過快速分析，我們發現這個任務的挑戰性極大，因為：

（1）當地的文化、美食、景點等地方特色濃厚，並非傳統認知中的大眾旅遊景點。

（2）當地供海外遊客體驗的設施較少，很多景點如孔子學堂等，更注重文化知識傳播，參與性較低。

（3）很多獨特的文化現象，如儺戲，需要深厚的文化背景才能理解，可能讓受眾望而卻步。

如何才能讓海外遊客相信：在這個市的這個區也可以玩得盡興，並獲得難忘的體驗？我想到的方法是：透過講好細節故事，打動海外遊客。

第一步是找到切入點。

最初我們想了很多創意，比如強調當地的地貌很適合探險活動，比如盤點十大適合海外遊客的打卡勝地，但總是回響平平。最後，我們找到問題的關鍵：體驗，是海外遊客的核心需求。如果我們可以聚焦體驗來講好細節故事，一定能對他們產生吸引力。

第二步是增加挑戰性。

要呈現這個地方特色的體驗，我們可以透過限制旅遊的預算，然後告訴海外遊客，即便如此，也能獲得優質體驗。在當時，有很多海外遊客在海外社群媒體上做這樣的短影片：用10美元、20美元挑戰在某地生活，這樣的短影片非常「吸睛」，因為「難」。而當人們看到旅行者入住價位不高但有特色的民宿，並在小巷中吃到便宜但驚艷的美食時，就會體驗到強烈的衝撞感。

在與同事討論後，我們最終確定短影片的主題：《20美元游A區》。

第三步是情境具體化。

拍攝第一天，我與幾位海外遊客遊玩幾個當地的指標性景區，後三天是自由活動時間。我發現，比起推薦景點，海外遊客更喜歡拍古鎮上運動的廣場舞阿姨、到路邊打卡戀愛豆腐果以及討論孔子和孟子誰的鬍子更長。這給了我啟發：不如選出海外遊客心中更喜愛的情境，以此來吸引相同文化背景的遊客。

於是，我們精心選擇以下體驗情境：在孔學堂的文化體驗區，用毛筆抄寫孔子語錄；在雲頂高坡的冥想地，感受人與自然的融合；在樹屋酒店，感受趣味體驗。

後來，我們《20美元游A區》的短影片發出後，獲得不錯的回響。在之後的很長一段時間裡，我們為A區打造的旅遊品牌主頁在領英的推薦欄中與比爾‧蓋茲的主頁被並排列為「最值得關注的主頁」之一。借助細節故事，我們通過了海外遊客的「面試」，提升A區旅遊品牌的競爭力。

■ 3.三個技巧，讓細節故事更深入人心

以下我將介紹如何讓細節故事更深入人心。三個技巧分別是：展現事實而非判斷、預設追問點和呈現成長。

（1）展現事實而非判斷。在講細節故事時，很多求職者會犯一個錯誤，就是加入很多對自己的主觀判斷，比如：「我這個專案完成得很不錯，企劃內容很優質。」這在面試官看來缺乏可信度，因為一個專案好不好不是求職者說了算的，而是有客觀的衡量指標。更好的做法是**呈現事實**，比如求職者可以這樣說，如下圖所示。

◇ **優化前** ◇

我這個專案完成得很不錯，企劃內容很優質，客戶也很滿意。

◆ **優化後** ◆

我這個專案被公司評為年度精選案例，企劃內容也被製作成案例，供同事參考學習。客戶因為對我們的執行很滿意，第二年增加預算，並承諾長期合作。

內容優化對比圖

（2）預設追問點。很多求職者在講細節故事時，不知道應該如何安排，導致敘述沒有重點。這裡建議的方法是：**提前預測面試官的追問點，並根據追問點準備故事**。比如求職者準備的故事是靠自己的耐心解答，解除客戶投訴，避免退款。那面試官的追問點可能包括：

「導致客戶解除投訴的關鍵是什麼？」

「這展現你什麼樣的工作品質？」

「下次遇到類似的問題，你的處理考量是什麼？」

如果根據追問點準備細節故事，你會得到如下回答架構：「我解決

了××問題，解決該問題的關鍵在於××，這展現了我××的工作品質，如果今後遇到類似的問題，我的處理考量是××。」

（3）展現成長。既然細節故事的重點在於解決難題，而在解決難題的過程中，求職者一定會獲得成長，**因此將成長的內容直接呈現給面試官**，就能讓他相信求職者在以後的工作中，若再遇到類似的問題，也可以妥善處理。

比如在解除客戶投訴這個事件中，求職者獲得的成長可以是：「我發現，平復客戶情緒的關鍵，在於讓客戶直接提出服務過程中的問題，然後我方針對這些問題，列出一個詳細的解決方案。這樣做可以增強客戶的安全感。」

透過講述細節故事，求職者不僅展現出自己的優勢，還能被面試官記住。下一小節，我會分享故事面試法的最後一種展現形式：壓力故事。

思考題

1　小李是一名財務，他的優點是細心，他準備的故事是每次做帳都沒有失誤，但他擔心這個故事沒有記憶度，如何幫助他突破？請結合「增加挑戰性」進行思考。

2　如果面試官問：「你有什麼案例可以證明你能勝任工作？」你會如何讓回答更出色？請結合「預設追問點」進行思考。

2.2.8 壓力故事：展現極致創造力

在面試中，求職者透過回答大部分問題，可以展現自己的勝任力、特點、優勢、潛力等，但在實際工作情境中，總有一些問題是求職者之前沒有遇過，或者超出其能力範圍的，這時，面試官就會透過壓力面試，進一步評估求職者是否有變通的能力：

「如果遇到之前沒有遇到過的問題，你會如何處理？」

「你沒有這方面的經驗，如何證明你可以應對？」

如何解答這類問題呢？就要從壓力面試的本質說起了。

■ 1.壓力面試，能展現求職者靈活應變能力

壓力面試（Stress Interview）是指面試官有意製造緊張氛圍，以瞭解求職者如何面對工作壓力的面試方法。面試官透過提出求職者難以回答的問題，以確定求職者對壓力的承受能力、在壓力下的應變能力和人際關係的交際能力。通常，面試官會在以下情境中使用壓力面試：

（1）求職者所應徵的工作有大量不確定情境時：比如客服、業務等面對人的職位，求職者需要發揮隨機應變的優勢，來應對環境中的不確定性。

（2）求職者背景與職位有較大差距時：比如求職者之前的工作經歷主要是專案管理，但在應徵的新工作職位中，有較多產品經理的職能，面試官需要瞭解求職者是否能承受新角色的壓力。

（3）求職者之前的經歷具有局限性時：比如應徵企劃的職位，求職者之前主要負責單通路（如抖音）的行銷企劃，但新職位需要進行整合行銷，涉及多個通路，面試官需要瞭解求職者是否有靈活應變的能力。

無論是上述哪種情況，求職者都無法透過現有經驗說服面試官自己一定能應對新的挑戰。因此，這裡建議的做法是在「變」中找到「不變」的因素，加強自己的說服力。一般而言，不變的因素主要包括以下三點：

（1）**思維方式不變**。在求職者過往的經歷中，也許能統整出一套可通用的思維模式來應對新的挑戰。比如面試企劃職位，求職者可以說：「我認為企劃的核心在於先寫出一個能說服自己的故事，然後再撰寫企劃案，這個方式在單通路和多通路的企劃中都可以運用。」

（2）**工作品質不變**。儘管情境發生變化，但原有工作中一些積極的品質依然可以運用到新的職位中。比如面試銷售職位，求職者可以說：「雖然面對的產業和之前不同，但我學習能力很強，曾透過兩週時間的學習，快速掌握了五個不同產業客戶的應對技巧，相信這個品質也能幫我快速適應新工作。」

（3）**核心技巧不變**。如在面試採購職位時，一個核心技巧是參加產業內的重要展會，收集最新市場資訊，以確定供應商的報價是否合理。求職者可以這樣說：「儘管現在的工作與之前產業不同，我也可以透過參

加展會的方式瞭解市場資訊，快速上手新工作。」

■ 2.壓力故事，挖掘既有經驗中的創造力

求職者可以透過講好壓力故事的方式，向面試官證明自己擁有靈活應變的能力。所謂壓力故事，就是求職者在面試的過程中，用講故事的形式將在之前工作職位中應對壓力時的反應呈現出來，來證明自己某種恆定的品質或思維方式。講好壓力故事包括以下三個步驟：

（1）找到具有代表性的困難來進行講述。這個困難在新工作中也很有可能遇到，求職者講述是如何解決這個困難的，可證明求職者有靈活應變的能力。

（2）提出創新性觀點。這個觀點可以透過創新性思維解決困難，並有一定的通用性。

（3）提供創造性的解決方案。根據上述兩項，求職者提出自己的解決方案，並展現相應的創造力。

以下請跟隨我來看一個案例。

 壓力故事，助力轉職產品經理成功

在轉職產品經理前，陳小姐已在某知名車企當專案經理工作10年。其間接觸不少產品經理的工作，也讓她對打造一款產品萌生興趣。最近，她受到某新能源汽車公司的邀請，參加產品經理職位的面試，因此她找到我，希望我給她一些建議。

「如果面試官對我進行壓力面試怎麼辦？比如問我：『你之前沒有產品經理的經驗，怎麼證明自己能勝任？』」陳小姐問。

我回答：「你可以挖掘之前勝過壓力的經歷，找到與新工作的共通之處，然後說服面試官。」

在詳細閱讀應徵啟事（見右圖）後，我注意到這個職位需要的核心能力有兩個：一是破冰能力，即快速融入並帶動人手的能力；二是業務思維，即把業務視角融入產品設計的能力。

職位詳情

市場調查　產品設計

工作職責

- 建立針對全觸點、全情境、全球用戶服務專屬群，為百萬車主的服務滿意度負責；
- 參與建立和服務專屬群相關的工具類產品，包括但不限於客服工作台、工單系統、知識庫、人工智慧客服系統等；
- 從公司願景和用戶價值出發，提出創造性產品想法，高效推動和協同業務同事對流程再造與優化，提升客服人效，降低用戶與客服諮詢、投訴過程中的不確定性；
- 具備多產線產品設計能力和協調能力，能透過專業設計角度，促進產品整體品質的提升，可影響或指導他人工作，並能輸出自己的經驗技巧供他人分享。

該車企對於產品經理職位的描述

我建議陳小姐透過三個步驟講好壓力故事，分別是：找到代表性困難、提出創新性觀點、提供創造性解決方案。

第一步是找到代表性困難。

在溝通中我發現，陳小姐作為專案經理，曾經統籌過一個數位化研發平台的建立專案，雖然沒有作為產品經理直接參與研發，但作為關鍵

用戶，她曾對平台提出過幾個不錯的建議。於是我請她詳細說說當時遇到的困難。

她說：「建立數位化平台時，我遇到的最大困難就是各部門的業務流程和標準各不相同，要整合在一起十分困難。我們開了十幾次會議都沒有達成共識。」

這個困難很具有代表性，因為若要解決它，則需要她同時具備破冰能力與業務能力。

第二步是提出創新性觀點。

「那後來你是怎麼解決的呢？」我問。

「我突然想到自己帶部屬做業務時，常常會給他們一個標準任務包，讓他們在上面簡單修改就能使用。我就想：如果把標準業務包放進產品裡，讓每個部門自己修改，就能解決這個問題。」

在這裡，陳小姐提出了一個創新性觀點，即用業務思維解決產品問題。

第三步是提供創造性解決方案。

在以上的基礎上，陳小姐提出了一個解決方案：將產品中的知識庫功能和任務包聯動。

陳小姐發現，對於新手來說，知識庫可以幫助他們快速熟悉業務；但對於有經驗的人來說，他們需要花費大量精力整理專案經驗，使用體驗十分不友好。由於很多專案都有很多類似之處，於是，陳小姐就提議，將優秀的專案經歷透過任務包整理成「參考專案」，在新專案中直接選擇複用，可節省大量經驗整理的時間。

後來，陳小姐把上述經歷整理成了壓力故事。在面試時，面對面試官的細節追問，她從容不迫、侃侃而談。最終，順利打敗幾位產品經理出身的競爭者，獲得該職位的錄取通知。

■ 3.壓力故事的三個「強調」

透過上述的講解，相信大家已經知道如何透過講述壓力故事來展現自己在壓力下的創造力了。需要注意三個「強調」：

（1）強調能力而非困難。在我做面試輔導的過程中，發現求職者在講述壓力故事時，常會錯誤地把重點放在強調困難的程度上。比如在回答「你遇到的最大的挑戰是什麼」時，求職者會說：「這個專案時間非常緊迫，而且客戶的要求也很苛刻。」但在闡述解決方案時卻一筆帶過：「最後靠著團隊的努力，順利完成了任務。」這是本末倒置的行為。因為壓力故事的重點在於展現能力，求職者應該**選擇能展現自己能力的案例**，而非一味強調困難程度。

（2）強調行為而非感受。求職者還容易犯的一個錯誤是：過分強調自己的感受。比如有位求職者說：「在我主管離職的時候，我需要扛起整個組的業績目標，那時候我常常整夜睡不著，感覺心力交瘁。」這非但不能凸顯求職者的能力，反而會留下心理脆弱的印象。正確的做法是：**客觀描述自己在這個過程中的行為**，比如設立作戰室、制定早動員晚彙報制度等。

（3）強調思維而非結果。還有一種錯誤是：求職者會錯誤地把事情完成的結果，當作衡量自己能力的標準。比如：「最後我們排除萬難，為帳號吸引了一萬名粉絲。」其中「吸引一萬名粉絲」就是結果，但它不能直接反映求職者的能力，因為帳號吸引的粉絲數量和帳號本身的粉絲

基數、投放廣告的情況都有關係。正確的做法是：**強調求職者在解決困難時運用的思維**。比如使用「口碑行銷」的方式為帳號增粉，這代表求職者在新工作中也能發揮出類似能力。

以上，就是故事面試法的全部內容。透過故事面試法，求職者可以借助故事強化自己的經歷，從而給面試官留下深刻印象。在下一章中，我會教給大家如何透過 VIP 法則，加強求職者與用人單位之間的匹配度。

思考題

1. 小丁想要面試文案的職位，她講述的壓力故事是：在一次緊急情況下，她幫助程式設計師找到程式碼漏洞，確保專案準時上線。這是一個好故事嗎？請結合「找到代表性困難」進行思考。

2. 當面試官問小吳：「你遇到的最大的挑戰是什麼」時，他回答：「有一次，我被要求連夜寫完一個程式，當時我內心非常緊張，幸虧有同事的幫助，我順利完成了任務，程式上線後獲得不錯的評價。」請問小吳犯了什麼錯誤？請結合壓力故事的三個「強調」進行思考。

◆ 第 3 章

給每位雇主 VIP 待遇

這一章主要探討的是：如何透過提供給每位雇主客製化體驗的方式，提升求職者與目標職位的匹配度，VIP法則是什麼，如何為雇主帶來客製化的體驗，以及面試前可以做的五個「客製」。除此之處，還會提供詳細的實際操作建議，幫助大家將VIP法則運用得更好。首先，讓我們進入第一節的學習。

3.1 什麼是 VIP 法則？

在我應徵實習生的那段時間，常常發現一種情況：比起求職者過往經歷的優秀程度，面試官更看重經歷的匹配度。比如有一次，我去應徵某知名國際奢侈品品牌的財務實習生時，看到職位描述如以下第一張圖示。

當時，我因為擁有某世界500大的財務實習經歷，對自己非常自信，沒想到與面試官發生以下第二張圖的對話：

要求

大學在校生，主修不限，有財務相關知識基礎；

做事靈巧，認真勤奮；

每週可以到 2～3 天，做滿 3 個月可蓋實習章。

工作內容：

報銷審核；

外部憑證處理；

與業務等部門溝通；

其他財務相關助力工作。

其奢侈品品牌的財務實習生職位描述

面試官

你的優勢是什麼？

之前在某世界 500 大擔任財務實習生，熟練運用全英語軟體，工作中從未出現任何差錯。

我

面試官

我注意到你之前都是內部憑證的處理經驗，請問你對外部憑證的處理瞭解嗎？

請問它們有什麼區別？

我

我與面試官的對話

後來，我自然沒拿到 Offer。這個慘痛的經歷讓我想到：**面試就像「治病」，需要對症下藥**。病人的手斷了，和醫生憑藉豐富的經驗治好過多少牙齒沒有關係。好的求職者懂得給每一家公司 VIP 待遇。

3.1.1 面試需要有的放矢

面試需要有的放矢的意思是：在面試前，**求職者需要充分瞭解職位的內容、特色、優勢等，然後有針對性地給出回答和作品**。但就連有多年工作經驗的人士，也會忽略匹配度的重要性。

比如，我曾幫助一位某頂尖媒體平台的市場部副總監轉職私募，他的經歷非常優秀，創過業，營運過多個國家級重點專案，在各行各業都有核心資源。但問題在於：他的履歷上隻字未提與私募產業的關係。當時我們的對話如下圖所示。

我

你為什麼覺得自己能勝任投資人的角色？

我營運過多個國家重點專案，說明我有清晰的邏輯；
在各行各業有核心資源，可以加速資源的匹配；有
創業經歷，說明我更能理解創業者。但奇怪了，我
投了很多份履歷，為什麼沒有 HR 打電話給我？

求職者

我與該求職者的對話

　　這反映出很多求職者的心理，那就是：期望企業主動發現自己與職
位的匹配度。造成這種情況的原因有很多，比如對以往的經歷過於自
信、習慣從自己所處產業的角度看待問題等，但最根本的原因是，對企
業應徵的流程不熟悉。

　　應徵流程：在履歷和面試初篩的階段，往往由人資部負責相應的工
作，由於對用人部門的專業細節不瞭解，**人資部有時會透過關鍵詞匹配的
方式，衡量候選人的匹配度**。比如應徵財務經理一職，用人部門給出的要
求是：熟悉 SAP 系統，那人資部可能會在履歷庫中搜尋「SAP」，然後挑
出含有這個關鍵詞的履歷。這會導致很多履歷中如果沒有該關鍵詞，但
實際掌握 SAP 系統的求職者，錯過面試機會。

　　在面試時，人資部也會根據關鍵詞來判斷求職者是否合適。比如應

徵剪輯師，用人部門的要求是「掌握剪輯邏輯」，那人資部也可能會更關注在履歷中有提到「掌握剪輯邏輯」的求職者，並給予他們更多的面試機會。

那如何避免在類似的情況下錯過心目中的好機會呢？這裡的建議是：使用 VIP 法則。

3.1.2 VIP 法則，提供每位雇主客製化的體驗

VIP 法則的內容是：把每個企業都當作 VIP，從他們的角度來客製化地展示自己。具體包括客製自我介紹、客製履歷、客製工作計畫等。

VIP 法則主要解決的是匹配度的問題。這尤其適合職場新鮮人以及轉職人士，可以幫助他們突破背景的局限，讓關鍵的能力被面試官看見。那麼，這個法則是如何被發現的呢？

我在某雜誌社工作期間，由於個人信箱與公司信箱聯通，因此也有機會可以看到各式各樣求職者的履歷。我發現，很多求職者的經歷非常優秀，卻沒有被錄取。

比如有的求職者曾經是優良教師，或是某知名科技平台簽約作者，但他們的履歷都有一個共同點：隻字未提與雜誌社編輯這個職位的關係。這就會給人留下一個印象：這個人也許是「海投」（海量應徵，一種透過大量投遞履歷提升錄取機率的戰術）。

那時，我會想：如果他們能根據用人單位的需求，客製化製作履

歷，會不會提高錄取的機率呢？

　　後來，我開始開始面試輔導，也在實際案例中運用客製化法則。但我發現，很多求職者雖然匹配了關鍵詞，但還是沒有提高錄取機率。在累積大量經驗後，我發現求職者進行客製化匹配的時候，主要出現以下四個誤區：

■ 1.只匹配關鍵詞，未匹配業務邏輯

　　比如應徵以下圖片中的短影片導演職位，求職者只匹配關鍵詞。履歷中就會這樣寫：

　　「①負責短影片拍攝工作；②負責短影片剪輯工作。」

職位詳情

短影片　導演

職位描述：
- 負責短影片前期拍攝及後期剪輯工作。
- 懂前期拍攝，有廣告、短影片企劃、編導、拍攝和後期剪輯製作經驗。

某短影片導演職位需求

但如果他深究導演職位的業務邏輯，會發現短影片拍攝這個過程其實分為現場拍攝、現場調度、突發情況處理等步驟。因此履歷可以寫成這樣，如下圖所示。

◇ 優化前 ◇

①負責短影片拍攝工作；
②負責短影片剪輯工作。

◆ 優化後 ◆

①負責短影片拍攝，包括現場調度、突發情況處理等；
②負責短影片剪輯，包括剪輯邏輯編排、轉場設計等。

優化對比圖片

經過對比後，你會發現這樣寫，既不空洞，還很有說服力。

■ 2.只提升履歷匹配度，未提升面試匹配度

有些求職者的履歷十分優秀，但到了面試自我介紹的時候，卻只是對自己的經歷草草帶過。如應徵以下圖片中的客戶總監職位：

職位詳情

乙方經驗　客戶聯絡

- 專案管理：負責專案全流程及細節管理工作、專案報價及利潤率管理、方案邏輯架構管理和一定的提案能力，專案執行管理、時間和內容掌握及內外部統籌協調工作；
- 客戶管理：具備良好的客戶服務意識，針對專案需求做好客戶預期管理，與客戶保持良好合作關係及拓展新業務能力；
- 團隊管理：帶過 5 人以上團隊，做好部屬的工作任務協調安排和執行監督，對團隊人員賦能（指導工作方法論、團隊影響力）；
- 商務談判能力：可聯絡品牌及平台（小紅書、抖音、b 站等）進行商務合作談判。

某客戶總監職位需求

　　求職者會這樣說：「我之前主要負責一些專案管理和客戶管理的工作。」顯然，這樣的介紹不容易讓面試官抓住重點，甚至質疑履歷的真實性，懷疑求職者對實際的工作內容並不瞭解。

■ 3.只進行技能匹配，未匹配其他品格

對於一些熱門職位，求職者的技能基本相差不大，這時軟實力就發揮決定性作用，具體包括求職者的動機、品格、價值觀等，部分求職者只匹配了技能，卻沒有呈現相應的軟實力，可能就會失去競爭力。

■ 4.匹配僅停留在語言層面，未涉及實際操作

比如應徵下圖中的影視企劃職位，如求職者只在語言層面進行職位匹配，就會這樣說：「我擅長TVC的製作，PPT的使用也很熟練。」

但類似影視企劃這樣的技術類職位，更看重的是實際操作能力，因此，可能更好的做法是：直接提供相關的面試作品，或根據職位內容，擬定一份工作計畫。

在這個基礎上，我整理歸納出VIP法則，即透過客製履歷，提升業務邏輯匹配度；透過客製自我介紹，提升面試匹配度；透過客製求職信，提升軟實力的匹配度；透過客製面試作品和工作計畫，提升實際操作匹配度。

職位詳情

網路廣告　公關媒介代理商／服務商　甲方經驗

視聽廣告　短影片／直播廣告　新媒體廣告

媒體廣告

工作內容：

精準找到產品／客戶定位，撰寫 TVC／宣傳片整體企劃、品牌文案，創造傳播亮點、金句，能夠全面組織短影片邏輯，獨立負責廣告專案企劃工作。

能力要求：

- 語言組織能力強，能迅速轉換成文字內容。
- 視角獨特，思維敏捷，間歇性腦洞大開。
- 熟用 PPT、Word、Excel、思維導圖。
- 性格開朗，有較強的團隊合作能力和溝通能力。
- 有視聽語言轉換思維，瞭解廣告市場、影視環境。

某影視企劃職位

3.1.3 面試前，你需要準備好哪幾種客製

面試前需要準備好五種客製。具體如下：

■ 1.客製履歷

求職者根據職位的需求，**有針對性地撰寫履歷內容**。履歷內容主要包括工作經歷的業務邏輯匹配、優先順序排序等。客製履歷的主要作用是提高初篩通過的機率。

■ 2.客製自我介紹

客製自我介紹指求職者從企業的需求出發，在面試時**主動提高自我介紹的匹配度**。其包括闡述應徵原因、強調匹配、凸顯優勢等。客製自我介紹的主要作用是加深面試官對求職者的印象。

■ 3.客製求職信

求職者在履歷的基礎上，**附上客製化的求職信**，進一步向面試官說明動機、態度和品格。客製求職信的主要作用是展現自己應徵的強烈意願。

■ 4.客製面試作品

求職者**準備與目標職位相關的面試作品**，需要做到產業吻合、重點吻合、關鍵技能吻合等。客製面試作品的主要作用是展現自己的實際操作

能力。

■5.客製工作計畫

　　求職者根據目標職位需求，**有針對性地製作工作計畫**，包括目標設定、計畫設定、備選計畫設定等。客製工作計畫的主要作用是展現對實際工作的思考能力。

3.2 VIP 法則的五種客製

　　在本節中，我會告訴大家如何透過短時間的準備，有針對性地展現自我，以提升與職位的匹配度。以下，我們進入第一小節的學習：客製履歷。

3.2.1 客製履歷：從職位角度定位價值

請跟隨我來看下圖這則對話：

 學員

客製履歷，是不是針對每家公司都要寫一份履歷？比如A公司需要abed四種能力，我針對這四種能力寫一份履歷；B公司需要adef四種能力，我針對這四種能力寫一份履歷？

難道職位沒提到的能力，就不重要嗎？ 我

我與學員的對話

圖中學員提到的這個問題，暴露出很多求職者看待履歷的一種誤區，那就是：履歷僅僅是針對企業提出的需求進行回應。事實真的是這樣嗎？

■ 1.履歷，是根據業務邏輯梳理經歷

我曾幫助一位專案經理轉職產品經理，在提供她履歷建議時，我說：「建議在技能部分添加破冰能力，即快速融入團隊並帶動人手的能力。」

雖然職位需求上並未提到需要這個能力，但她還是照做了。幾天

後，她興沖沖地來跟我說：「老師，你太厲害了。你是怎麼知道這個公司看重破冰能力的？那天面試官問了我很多與破冰能力相關的問題，還說這是我不同於很多其他求職者的地方。也正因為這個能力，我進入下一階段的面試了。」

我說：我看過十多個產品經理職位的介紹，其中 2/3 都提到需要破冰能力，我認為這應該是產品經理普遍需要的能力。

這個故事說明：履歷不僅僅是對企業提出的需求進行回應，還需要根據業務邏輯梳理經歷，從職位角度定位自身價值。

那我們如何瞭解一個職位的業務邏輯呢？除了親身經歷，求職者還可以透過閱讀大量同類職位的求職介紹進行瞭解。

比如，從下圖三個公關職位的介紹中，我們發現公關所需的共有能力包括內容製作能力、溝通維護能力、輿情分析能力和專案管理能力。

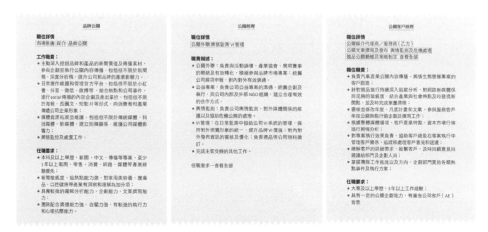

公關職位介紹

由此，我們可以梳理出公關的業務邏輯為：對內——內容製作、輿情分析與專案管理；對外——溝通維護。

因此，求職者可以將經歷根據對內與對外兩部分進行梳理，理出其中和內容製作、輿情分析、專案管理和溝通維護相關的部分。同時，這個職位的加分項包括競品分析能力和設計能力等，可以在對應的核心中進行補充。

■ 2.客製履歷的三大步驟

客製履歷主要分為三個步驟：梳理業務邏輯、匹配現有經歷、展現加分能力。

（1）梳理業務邏輯。首先，求職者**透過閱讀目標職位介紹，理出重點能力**，如企劃能力、客戶維護能力、數據分析能力等；然後閱讀5～10個相似職位介紹，補充其餘能力；接著透過這些能力梳理出該職位業務邏輯。比如下圖企劃職位的業務邏輯是：前期（調查與企劃案製作）→中期（企劃及文案執行）→後期（數據分析與復盤）。

職位詳情

網路／科技　品牌合作　行銷企劃及執行

職位職責

- 瞭解業務現狀需求分析、市場調查，市場策略，輸出針對市場策略的創意解決方案，包括核心創意概念等；
- 在大型整合行銷專案落實中，對行銷企劃與資源整合工作負責，並形成可持續營運的行銷 IP，包括但不限於需求收集、方案企劃、玩法設計、資源整合、專案執行和沉澱優化；
- 具備數據化的營運能力，針對數據分析和洞察，制定針對品類和目標客群的新增策略和傳播方案；
- 負責行銷活動企劃工作，包括相應的專案／活動企劃、創意、傳播方案／活動線上頁面以及實體活動的整合行銷；

某企劃職位需求（1）

（2）匹配現有經歷。接下來，求職者**把自己過往的工作經歷填入業務邏輯架構**。在填寫的時候，注意列舉細節和成果，如：「企劃及文案執行——在職期間共負責10個核心創意提案的執行，其中獲全國性獎項有6個，整體客戶滿意度95.5%。」

如果求職者的工作經歷中缺少某種核心能力，可以透過業餘實踐、校園經歷等補全，比如某求職者沒有新媒體的營運經驗，可以自己嘗試開設社群媒體帳號，在營運一段時間後補充成果。

（3）展現加分能力。求職者可以**在職位要求中找到加分能力，在履歷中予以強調**。如下圖的企劃職位，整合行銷能力就是加分能力，求職者可以在自我描述一欄中寫：「擁有4年以上抖音、快手、小紅書等平台的整合行銷經驗。」

職位要求

- 邏輯思維能力強，善於彙整經驗，有系統化的傳播和投放能力，能夠整合各流量池資源，達成傳播目標和新增目標。
- 擅長行銷企劃，能掌握在抖音、快手、小紅書、微博等平台的整合傳播經驗，精通 social 傳播、內容行銷、娛樂行銷，3 年及以上行銷相關經驗優先。
- 能夠獨立承擔大型 campaign 企劃與專案管理，敢於創新，積極樂觀，具有大型專案實戰操盤經驗的優先。
- 具備扎實的文案功底，能撰寫打動人心的創意內容，也能從目標用戶興趣出發撰寫新媒體軟文、短影片腳本。
- 需要有強大的溝通能力能夠處理不明朗局面，梳理清晰的 OKR。

某企劃職位需求（2）

　　以下，我會透過一個案例進一步說明：如何透過客製履歷的方式，獲得心目中的工作。

 客製履歷，幫助無管理經驗的學妹獲得管理Offer

　　一次，學妹魚包透過校友群組找到我，希望我提供履歷指導服務，職位是某國際集團的採購部經理。諮詢時，她問了我一個很有意思的問題：

　　「我之前沒有管理經驗怎麼辦？是不是應該現在開始看管理書？」

　　我笑了：「現在看可能來不及了。」

　　學妹：「據我所知，管理需要帶團隊、定績效、做協調……可這些我都沒做過啊。」

　　我：「每個公司對管理的要求不同，履歷也需客製化。看看應徵公司對管理的要求是什麼？」

　　詳細閱讀職位需求（見右圖）後，我決定透過以下三個步驟幫助魚包客製履歷：梳理業務邏輯、匹配現有經歷、展現加分能力。

任職資格：

- 本科及以上學歷，相關主修優先；
- 3 年及以上大型企業同職位工作經驗；
- 熟悉行政採購工作流程、企業資產管理工作；
- 良好的談判與人際溝通能力，團隊協作能力強、成本管控意識強；
- 工作積極主動、責任心強、良好的道德意識；
- 熟練使用辦公軟體和辦公自動化設備。

工作職責：

- 根據相關部門業務需求，制定相應的採購計畫；
- 負責及時制定採購合約並下達採購訂單；
- 負責訂單追蹤，確保物料及時交付並滿足業務需求；
- 負責供應商管理，定期統計供應商的品質及交貨績效，定期對供應商進行考核；
- 每月定期與供應商對帳，付款事宜；
- 協助製作成本數據分析；
- 相關活動專案的組織、籌備與配合工作；
- 公司交辦的其他事項。

某應徵公司對採購經理職位的需求

　　第一步是梳理業務邏輯。經過分析，我彙整出該職位的三大關鍵能力：理解業務目標、跨部門溝通和採購執行管理。

在此基礎上，我理出該職位的業務邏輯：前期（業務目標理解與拆解）→中期（採購執行管理及跨部門溝通）→後期（彙整與復盤）。

第二步是匹配現有經歷。我詳細瞭解了一下魚包的過往經歷，發現她有明顯優勢。比如她很擅長理解業務目標，不局限於對方提供的需求，而是主動挖掘業務背後的需求。有一次，她負責某重量級實驗展會的籌辦，對方提供的需求是「符合公司國際形象，有科技感」。在執行過程中，她發現寬泛的需求會對供應商報價造成很大的難度，因為無法量化細節。於是，她主動做市場調查，從地台的規格到展台板牆結構，每一項都做出橫向對比。接著，她主動找各供應商重新溝通需求，讓他們根據細化後的方案再次報價，最終順利選出兩家合適的供應商。

再比如她有很強的跨背景分析能力。那時，她剛到公司沒幾天，就被安排去工廠處理一個棘手的生產問題。當時現場有工人、技術部同事、業務部同事，每個人的背景都不一樣，因為言語上的誤解發生了爭執。但她沒有急著調解，而是問了大家十多個相關的問題，透過跨背景的解讀能力，幫大家還原這件事的全貌。最終她順利讓工廠同意改工期的要求，為公司避免延期可能帶來的損失。

又比如在採購細節的管理上，她特別擅長獲取自己的方法。為了降低成本，她會主動與供應商的不同部門溝通，瞭解真實的人力成本；她也會為一個新需求跑遍各類展會，反覆體驗和評估，瞭解市場的最新趨勢。這些都預示著她能扮演好管理者的角色。

第三步是展現加分能力。比如魚包的加分能力是「執行力強」，關於這個能力，還有一個故事：魚包到職原公司沒幾天，當時的主管就因私人原因離職了，於是她一個人臨時接下整個部門的工作。那時，她主

要面臨兩個核心難點：

　　（1）經常面臨多任務進行的情況，需要快速排出優先順序；

　　（2）團隊局面沒有打開，需要她主動打開局面。

　　在這樣的情況下，她快速擬定「作戰行動」：

　　（1）設計出部門工作表，按照 p0～p5 的優先順序為部門工作排序，提供可視化線上檔案，監測每位團隊成員的工作完成情況；

　　（2）設立專案啟動會機制，邀請各部門關鍵同事參加，遇到重要專案，每日早晚兩次彙總進展；

　　（3）透過電子郵件及時共享戰績，鼓舞團隊士氣。

　　最終，她成功完成這段過渡時期，在她任職期間，團隊經歷多個高壓專案，但沒有一個人因此離職，所有人都順利完成工作。

　　後來，魚包透過客製履歷和面試的出色表現，順利獲得該國際採購部的管理職，她向我表達感激，我說：「恭喜你。我覺得你本來就是位好領袖。」

■ 3.客製履歷的三個誤區

在履歷輔導的過程中，我發現求職者有三個常見誤區。它們分別是：經歷重複、描述空洞和優先順序缺失。

（1）經歷重複。有些求職者的履歷洋洋灑灑寫了三四頁，詳細看卻發現有大量重複經歷。比如應徵財務經理的職位，某求職者每段經歷都會寫上財務報表製作、物資採購、發票整理等工作，這非但不能強調自己的優勢，還會給人資部造成閱讀負擔，從而可能忽略求職者的某些重要能力。

建議的解決方案是：**挑選一段較新的經歷，將這些工作詳細完整地寫一遍，然後在其他工作中補充其餘的能力**，如財務軟體的運用能力、跨部門的溝通能力等。

（2）描述空洞。求職者把工作經歷當作職位描述，只列舉職責，不列舉相關細節和成果，比如應徵企劃職位的時候這樣寫：「①負責企劃案的撰寫；②負責企劃案的執行；③負責專案復盤與數據分析」，這樣會造成描述空洞，讓人資部懷疑求職者沒有真正深度參與工作。

建議的解決方案是：**挑選重點的職位職責，針對細節和成果深入描述**。需要注意的是，不能盲目列舉無足輕重的細節，如應徵財務經理職位時這樣寫：「3年整理發票3000餘張」，會給人資部留下求職者無重點管理能力的印象。

（3）優先順序缺失。求職者一般習慣於根據自己的工作順序撰寫履

歷，如某財務經理的工作順序是：月初採購物資、月中開始製作報表、月底整理發票，但如果他按照這個順序撰寫履歷，而新職位需要的核心能力是報表製作，人資部就可能會忽略重點。

建議的解決方案是：**先根據職位介紹排出職責的優先順序，再進行履歷製作**。比如該財務經理就可以把製作報表的經歷放在最前面。

透過客製履歷，求職者可以在初篩階段提升職位匹配度，從而提高錄取的機率。下一節，我們會學習如何客製面試時的自我介紹。

1　小王想應徵某公司的企劃職位，該職位需要跨部門的溝通經驗，但小王之前沒有社會工作經驗，他該如何在履歷中展現這個能力？請結合「業餘實踐補全經歷」的方法進行思考。

2　如果你的工作技能相比其他競爭者沒有優勢，如何讓自己脫穎而出？請結合「展現加分能力」進行思考。

3.2.2 客製自我介紹：從僱主角度審視自己

在我擔任面試官期間，常常會聽到這樣兩種不太合理的自我介紹：

第一種過於簡略。求職者只介紹自己的姓名、背景資訊，簡單地說一下工作經歷便結束了，因此無法給面試官留下深刻印象。

第二種過於冗長。求職者往往滔滔不絕地介紹10分鐘以上，從校園經歷到每一份工作的細節，再到所獲獎項，讓面試官沒有打斷的空間，從而問出真正想要瞭解的問題。

這兩種自我介紹（見下圖）其實都犯了同一個錯誤：沒有從應徵者的角度審視自己，從而不能有針對性地展現自己的價值。

簡略型

> 我叫XX，畢業於XX，曾在XX公司擔任XX職位。

小A

冗長型

> 我的第一份工作經歷是XX，舉辦了XX場活動，銷售了XX件產品，獲得了XX成果，獲得了XX獎項，第二份工作經歷是XX……

小B

常見的自我介紹誤區

■ 1. 可能決定命運的三分鐘

自我介紹一般要求在三分鐘以內。三分鐘說長不長，說短不短，卻在很多時候決定了求職者的錄取結果。為什麼呢？主要原因有三個：

第一，面試官會從自我介紹判斷求職者的**興趣程度**。第一種情況，

如果一位求職者在自我介紹沒做好準備，寥寥數語就結束，那面試官很可能判定他對這個職位沒太大興趣。第二種情況，求職者雖然聽起來準備充足，但話題始終圍繞自身，未提及與目標職位的關係，也會判定為興趣不足。

第二，面試官會從求職者的自我介紹中判斷求職者的**匹配度**。當求職者講述自己的經歷時，面試官會從關鍵詞快速判斷求職者是否適合。當求職者講述完畢，面試官會在心裡默默給求職者與職位的匹配度打分，而之後的問題也是為了驗證之前判斷的準確性。

第三，面試官會從求職者的自我介紹中**比較**求職者的**優勢**。有些求職者可能各方面已經說得很完整，但依然沒有被錄取，很可能是因為其他競爭者有過人的優勢。比如某位求職者應聘新媒體編輯職位，其競爭者是該產業有 10 萬＋粉絲的創作者，後者可能有先決優勢。

那麼，如何把握好這寶貴的三分鐘，將自己的價值儘可能被感受到呢？

■ 2. 自我介紹三步走

這裡建議求職者透過三個步驟來打造自己客製化的自我介紹，它們分別是闡述原因、強調匹配和凸顯優勢。

（1）闡述原因。在介紹完基本資訊之後，很多求職者會直接開始介紹工作經歷，但他們往往會忽略一點：**面試官想瞭解求職者應徵這個職位**

的原因。舉個例子，我曾應徵過抖音導演這個職位，很多求職者都會侃侃而談自己是個如何出色的導演，卻沒有提及自己應徵的為何是抖音導演，而不是其他導演，這時我就想瞭解他們為什麼要應徵這個職位。

那如何闡述原因才最合理呢？「我對該職位有興趣，想要嘗試」可能是一個原因，但不夠有說服力，面試官可能想知道**求職者在該領域有什麼經驗或技能**。比如應徵抖音導演，求職者可以這樣說：「雖然我之前沒有抖音導演的經驗，但我系統研究過抖音短影片的特點，還自學與抖音相關的剪輯軟體，覺得很有趣，因此應徵該職位。」

（2）強調匹配。按時間順序闡述工作經歷可能是一種選擇，但求職者也可以**根據職位需要凸顯重點**。比如在應徵抖音導演的時候，求職者可以這樣說：「我最新的一段工作是和抖音有關，擔任過一年的短影片導演。之前也做過幾份與導演相關的工作，磨煉出我的鏡頭感。」

以下幾種方式可以凸顯求職者的匹配度。

①**調整優先順序**：將與目標職位相關的經歷調整到前面；

②**凸顯關鍵詞**：比如應徵抖音導演，凸顯「抖音」和「導演」兩個關鍵詞；

③**調整詳略**：詳述與職位相關經歷，弱化與職位無關的經歷。

（3）凸顯優勢。求職者還需要簡述**自己具有其他人可能無法取代的優勢**，以方便面試官快速作出判斷。比如之前的經歷十分類似、上手快等。

以下幾點可能成為求職者的獨特優勢：

①擁有與職位相關的**獨特資源**；

②獲得過產業的**相關獎項**；

③在某領域有一定**知名度**；

④具備**超越其他求職者的技能**。

以下，我會透過一個案例告訴大家，如何透過客製自我介紹，提升自己和職位的匹配度。

 ## 客製自我介紹，求職者大幅度轉職成功

知乎網友猴子找到我，說他想要應徵一份會展執行（職位詳情如下頁圖）的工作。我問他之前的工作是什麼？他回答：導遊。

這是一次大幅度轉職，如果根據常規思維去準備自我介紹，成功的可能性微乎其微。因此，我想了一個辦法，讓他用「VIP 法則」來客製自我介紹。

第一步是闡述原因。

我問猴子：「為什麼想要應徵會展執行的職位？」

他回答：「主要有兩個原因。第一，我在擔任導遊期間，曾臨時負責某會展的布置講解工作，培養出對會展執行的興趣；第二，導遊工作需要規劃行程、接待遊客、處理突發情況，這與會展執行有共通之處。」

職位詳情

活動企劃乙方公司　藝術／文化展　政府／企業展廳

外展工廠資源

職位描述：執行採買職位（國外展會供應商資源）

- 負責整個展覽專案的進程（前期、中期、後期）與供應商溝通；
- 負責對專案進行統籌和管理，保證公司專案的順利進行；
- 負責推動協調各相關團隊工作，管理專案進度、品質、風險、溝通及人力配置；
- 負責統籌協調各方資源，有效解決專案遇到的資源問題、進度問題、開發問題；
- 負責將專案管理相關專業知識，經驗和技能標準化、系統化；
- 負責根據團隊人員和專案情況，動態進行人力配置，確保有效地進行專案；
- 精通會展資料，懂得如何節省成本，現場專案管理執行，有一定的工廠資源。

某會展執行的職位需求

第二步是強調匹配。

首先，會展執行需要有強大的計畫安排能力，求職者需要根據會展的時間、地點、人數，有針對性地安排活動內容，這和導遊的工作十分相似，因為導遊也需要規劃旅遊的行程。有時候，還需要應對一些突發狀況，比如突如其來的壞天氣，或者遊客突然中暑等，這就需要導遊有做 B 計畫、C 計畫的能力。如果一個方案不行，馬上可以想到替代方案。

於是，我建議猴子這樣說：「我擁有會展執行所需的計畫安排能力：負責旅行計畫的制定和執行，並能在遇到突發狀況的情況下，快速找到替代方案。」

這就相當於給面試官吃了一顆定心丸：如果在會展執行時遇到一些突發狀況，求職者也可以從容應對，找到方法解決。

其次，會展執行需要有出色的溝通能力，包括與主辦方、供應商的溝通等，這也和導遊的工作有類似之處，因為身為一名導遊，需要負責旅行各環節的溝通，比如組團方和接待方之間的溝通，這就需要導遊有良好的情商，可以平衡好不同的關係。

因此，我建議猴子這樣說：「我擁有會展執行所需的溝通協調能力：負責組團方和各地接待方之間的溝通工作，銜接好旅行中的各環節，並在此過程中培養出高情商。」

這一定能讓面試官眼前一亮，因為做好會展執行的關鍵，就是掌握好細節，而細節需要各方的密切配合。一位高情商的會展執行者可以省去不少溝通成本。

最後，會展執行需要優秀的接待能力，求職者需要接待前來參展的重要嘉賓、客戶等，這時候接待遊客的經驗就可以派上用場，導遊的拿

手絕活就是有好口才，能透過短短幾句話就把人吸引住。

所以，我建議猴子這樣說：「我擁有會展執行所需的接待能力：根據旅行社的安排接待遊客，介紹旅遊項目，解答遊客問題，能透過三句話快速抓住遊客的注意力。」

這裡，我運用一個小小的技巧，那就是列舉具體的情境，這樣的好處是使講述的內容更生動，能快速提起面試官的興趣。

第三步是凸顯優勢。

我注意到風險管理能力是很多會展執行者所欠缺的，這需要會展執行者能清楚洞察到會展各環節可能會出現的風險，比如財物被盜、展品遺失等，這和導遊工作也有類似之處，因為導遊也需要保護好遊客的財產和人身安全。

因此，我建議猴子這樣說：「我認為自己的優勢是：擁有會展執行所需的風險管理能力，作為導遊，我需要在旅行中保護遊客的人身、財物安全，在我擔任導遊這三年維持0起安全事故的記錄。」

這裡，我又用到一個技巧，那就是列舉數字，這樣可以讓面試官對求職者的能力產生非常直觀的印象。

就這樣，猴子透過闡述原因、強調匹配、凸顯優勢的方法，成功通過會展執行的面試。

3. 自我介紹的加分技巧

如何給自我介紹加分？我的建議是把握好三個「點」，即驚奇點、趣味點、懸念點。

（1）驚奇點。在作自我介紹時，求職者可以**列舉一些他人難以完成的案例**，以增加面試官的興趣。比如說：「我曾憑藉出色的談判能力，將一個 50 萬元的案子，順利談到 120 萬元，想知道我是怎麼做的嗎？」

在闡述驚奇點時，不用急著解釋自己是如何做到的，讓面試官來追問，這樣的好處是引發互動，從而進入更深層的溝通。

（2）趣味點。面試有時是枯燥的，但**主動分享一些與自己有關的趣味細節，可增加面試官對求職者的記憶度**。比如在應徵編劇時可以說：「上一次面試中，我說自己的業餘愛好是寫劇本，結果面試官不相信，不過我確實很擅長並喜歡寫劇本。」

趣味點需要和目標職位有關，或展現自己積極的態度。比如求職者名字裡有生僻字，可以這樣說：「面試時，經常會遇到面試官叫不出我名字的情況，所以我特別在履歷上標上注音。」這個例子展現求職者有換位思考的能力。

（3）懸念點。求職者可以**設立一些與自己相關的懸念**，吸引面試官往下聽。比如在應徵文案時可以說：「我有三個快速創作讓客戶滿意的文案技巧，如果您感興趣可以聽我說說。」

這樣的好處是，將面試的主動權掌握在自己的手中，避免面試官詢

問不到重點的情況。

1 如何避免求職者在自我介紹時説不滿3分鐘？請結合「闡述原因、強調匹配、凸顯優勢」進行思考。

2 如果求職者有一段經歷特別凸顯，但很占用自我介紹的時間，如何勾起面試官的興趣？請結合「懸念點」進行思考。

掃QRcode看短影片

3.2.3 客製求職信：展現你的誠意

部分公司在應徵時，除了需要求職者的履歷以外，還需要求職者附上求職信。這類單位包括但不局限於：

（1）需要瞭解求職者思想邏輯的單位。除了知識與技能之外，單位還需要瞭解求職者的應徵動機、思想面貌等，這些特質在履歷中無法完整展現，需要透過求職信說明。

（2）部分外商。在部分外商求職時，求職者也需要附上求職信。主要作用是幫助雇主瞭解自己和職位的匹配度以及選擇自己的原因。

（3）其他有求職信傳統的單位。人資部需要透過求職信來瞭解求職

者的意願、相關特質以及對職位的理解等。

很多求職者很容易把求職信寫成履歷的書信版，重複履歷中提到的個人資訊、工作經歷。這其實反映出他們不理解求職信的本質。那麼求職信的本質是什麼呢？

■ 1.求職信，是履歷的延伸

既然面試時已經要求求職者提交履歷了，為什麼還需要附上求職信呢？因為**求職信是履歷的延伸，展現的是求職者的誠意**，它主要解答的是以下三個問題：

（1）求職者對職位是如何理解的？求職者對職位的理解，包括求職者對產業及工作內容的理解、如何看待職位所在公司、如何看待產業前景等，這些資訊反映出求職者投遞履歷的原因及意願。

很多求職者在 Why you（為什麼選擇目標職位）的部分，常常會花大篇幅文字來誇獎目標公司在產業內的地位崇高，自己又是該公司產品的深度用戶等，但卻**沒提及自己可以為公司帶來何種貢獻**。建議的解決方案是：將自己的價值與職位理解相結合，如「在我看來，公司的產業地位很高，但某產品還處於起步階段，我願意以我的專業知識帶領產品走向成熟」。

（2）求職者為該職位做了哪些準備？求職者為該職位做的準備包括

求職者瞭解哪些產業資訊、職位資訊、專業知識等，這可以凸顯求職者應徵職位是出於深思熟慮，而非一時興起。

在闡述自己做的準備時，求職者不能泛泛而談，如：「我瞭解該產業的很多資訊，已培養大量與職位相關的技能。」這樣會顯示出求職者誠意不足。建議的做法是：**具體說出自己準備的內容以及相應的收穫**，下圖這個案例為應徵抖音導演這個職位的不同說法。

> **◇ 優化前 ◇**
>
> 我已瞭解很多 X 產業的資訊，已培養大量與職位相關的技能。

> **◆ 優化後 ◆**
>
> 我系統研究過抖音短影片的結構、時長、主題，以及美妝和時裝領域的實際拍法，我認為拍好短影片有以下幾個重點……

優化前後對比

（3）有哪些具體的細節可證明求職者能勝任該職位的能力？求職者可以證明能勝任該職位的細節包括：求職者在工作中展現出的思維方

法、他人的證言等，可以證明履歷上的能力可以運用到新職位。

在應徵之前，建議請之前的主管或同事寫一封推薦信，附在求職信中，也可以引用他人的評價並請相關人士簽名，以增加求職信的含金量。

■ 2.客製求職信，四個「展現」幫你展現誠意

如何寫好一封求職信呢？這裡建議使用四個「展現」，即展現職位理解、展現求職準備、展現能力細節、展現可信證明。

（1）展現職位理解。在講述完個人資訊與應徵職位之後，求職者可以**用自己的話對職位進行理解和統整**，並對一些關鍵點展開描述，如「我認為做好顧問工作需要以下三種能力，包括××、××和××。」如果求職者認真研讀職位要求，並產生一些獨到性的見解，會給求職信加分。

（2）展現求職準備。在說完職位理解之後，求職者可以**進一步闡述為應徵這個職位做過哪些準備**，包括開始了哪些學習，做過哪些工作等，如果求職者已經參加過與職位相關的實際專案，並獲得一定成果，也會對求職信產生積極的影響。除此之外，求職者還可以透過社群平台，與已在該公司工作的員工交流，瞭解更多工作細節，並整理成自己的文字表達出來。

（3）展現能力細節。比如：超額完成關鍵績效指標（Key Performance Indicator，KPI），獲得專業人士的認可，沉澱出一套自己的方法論等。

在展現能力細節時，可以透過**列舉數字、展現成果**等方式，增強求職

者勝任該職位的能力說服力。

（4）展現可信證明。在求職信的最後，可附上他人證明，具體講述與求職者共事的感受、細節、經歷等，增加求職信的感染力。

以下，我會透過一個實際的案例來說明，如何透過四個「展現」客製求職信。

案例 客製求職信，無背景新鮮人敲開知名管理顧問公司大門

管理顧問產業，一向以高門檻著稱。競爭者大多是海歸留學生或者有經驗人士。沒有相關背景的人，進入諮詢產業是非常困難的。而我的一位客戶小郭——一位沒有留學背景和相關經驗的應屆生，卻成功進入產業內的知名管理顧問。他是怎麼做到的呢？

答案是，憑藉一封求職信。

小郭畢業於國內某普通科大學，大學期間除了擔任班長以外，沒有其他亮眼的經歷。在某醫療產業外商實習，做的是和諮詢沒太大關係的工作：商務管培生。他找到我，希望我能提供他面試輔導，幫助他進入一家心儀已久的管理顧問（職位描述見右圖）。

職位描述

- 專案售前：負責重大客戶的需求跟進，理解客戶需求，撰寫專案建議書；
- 專案管理：全面掌握諮詢專案管控，包括但不限於方案設計、範圍界定、提供核心觀點、品質保障、專案結項彙報及後期維護等，保證方案能按期、高品質的成果；
- 知識分享：不定期舉辦內部交流，彙整並分享產業知識，專案經驗，思考心得等，促進團隊共同成長。

任職要求：

- 本科及以上學歷，管理類、統計類專業優先；
- 3 年及以上管理顧問工作經驗，有獨立 BD 專案的能力，主導過至少 1 個以上戰略規劃類專案和 3 個以上管理、行銷、專項等相關專案的執行和完成；
- 熟練運用麥肯錫問題分析與解決技巧；
- 熟練諸如 NPS 等用戶洞察等常用研究方法（包括但不限於定量、定性研究、焦點小組、樣本問卷調查）；
- 優秀的溝通表達能力，良好的專案管理能力，對專案品質有較高要求。

某諮詢產業的職位需求

143

想要透過既有經歷與其他人競爭，看起來勝算不大。於是我問小郭，為什麼想進入管理顧問產業。

他說，因為大二時，有一個管理顧問公司的校招團隊來他們學校演講。透過這次活動，他結識其中幾位優秀的顧問，也對管理顧問業產生強烈的好奇。在他看來，用數據來驅動決策，最終幫助公司獲得業績增長，是一件非常有意思的事情。

頓時，我靈光一現，既然他對管理顧問產業抱有如此熱情，不如讓他寫一封求職信，用四個「展現」來展現他對管理顧問產業的興趣，即展現職位理解、展現求職準備、展現能力細節、展現可信證明，從而打動面試官。

第一步是展現職位理解。

小郭求職信的第一個核心是「Why Consulting」（為什麼是管理顧問）。在這個核心中，我建議他這樣寫：「我第一次與管理顧問結緣，是在大二時，有一個產業頂尖的管理顧問團隊來我們學校演講。期間，我結識幾位管理顧問產業的精英，也瞭解到作為一個顧問工作者的日常。我漸漸覺得透過數據分析來驅動企業的創新與轉型，是一件非常有趣的事。也是從那時起，我決定進入管理顧問產業。」

在求職信的開始，用自己的語言為職位下定義，是非常推薦的做法。比如，「透過數據分析來驅動企業的創新與轉型」，就是小郭對管理顧問職位做的定義。它可以幫助面試官瞭解你應徵這份工作的動機。

第二步是展現求職準備。

小郭求職信的第二個核心是「Got Prepared」（我做了哪些準備）。在這部分，我建議小郭提及自己在外商做商務管培生的經歷。當時，他的

主要職責是走訪一些醫院，做一些商務調查。在這個過程中，他培養出一名顧問工作者所必需的分析能力。在調查中他發現：設備的使用率和成本回收率，對一家醫院的獲利有著非常重要的作用。他透過這些洞察，幫助醫院達成良好的銷售增長。這段生涯可看作小郭進入管理顧問產業前的準備。

第三步是展現能力細節。

小郭求職信的第三個核心是「Consulting-Related Characteristics」（與管理顧問有關的特質）。在這個核心，小郭列舉自己擁有的和管理顧問相關的能力，比如具有系統性的思考能力、責任心等。這時候，小郭大學任班長的經歷就幫上忙了。在擔任班長期間，小郭曾做過一個校規修改的專案，這個專案獲得校長的認可。「得到校長認可」就是一個能力細節。

第四步是展現可信證明。

小郭求職信的最後一個核心是「Comments」（相關同事評價）。我建議小郭找他實習公司的同事，為他的能力做一個證明。其中一位同事這樣寫道：「很少有人能做到將頂尖的專業知識在工作中出色運用，而小郭是這很少數中的一位！」這份證明提升求職信的可信度。

最後，小郭憑藉著出眾的求職信，順利拿到產業內知名管理顧問公司的 Offer。作為一個無背景的新鮮人，這樣的成績確實令人激賞，也從側面印證一個事實：如果一個人能講好自己的「入職故事」，讓面試官產生共情，也有機會進入心目中的公司。

■ 3.求職信的加分技巧

寫求職信時也有加分技巧。分別是單刀直入、引用在職體驗和列舉職位細節。

（1）單刀直入。在求職信的開頭，求職者不需闡述過多不相關內容，如應徵該職位有多榮幸等，而應當單起一段，**開門見山地報上自己的姓名，以及應徵職位的名稱**。如果求職者應徵的是職位之下的某項目，還應寫清楚項目的名稱。因為面試官每天可能需要閱讀大量求職信，這樣做可以節省面試官的時間。

（2）引用在職體驗。求職者還可以到企業的社群帳號上，**收集在職員工的工作體驗，並具體闡述自己的感受**。比如求職者可以這樣說：「我留意到在社群平台上，6名員工都說公司很注重新鮮人培養，這一點觸動了我，我是一個很喜歡挑戰的人，曾有過實習期間成為小組銷售冠軍的經歷，相信貴公司的環境很適合我的發展。」

（3）列舉職位細節。求職者如果能**注意到職位的一些細節，並針對性地列舉優勢**，也能為自己加分。比如某市場職位需要與醫生溝通，求職者可以列舉自己與醫生打交道的經歷，或者參與過的醫學相關專案。如沒有，可先收集醫生相關觀察，再附上結論，如：「透過調查發現，醫生的背景對讀者的影響很大，因此宣傳時要注意樹立權威人設。」

透過上述的客製求職信技巧，求職者可以凸顯自己的誠意，在眾多競爭者中脫穎而出。下一小節，我會和大家聊聊如何透過客製面試作

品，提升與職位的匹配度。

1. 如果自己過去的經歷並不突出，如何透過求職信凸顯優勢？請結合
「展現職位理解、展現求職準備、展現能力細節、展現可信證明」進
行思考。

2. 有些人會在求職信的開頭，寫很多誇獎目標公司的內容，這樣做有什
麼不好的地方？請結合「單刀直入」進行思考。

3.2.4 客製面試作品：提升職位匹配度

在瞭解完基本情況後，面試官往往會問一個問題：「如果你面試成
功，準備如何開始工作呢？」

如果求職者沒有相關經驗，該怎麼回答這個問題呢？這時候，有心
的求職者就會拿出事先準備的面試作品，提升與職位的匹配度。

1. 面試作品，為求職者爭取更多機會

面試作品主要分兩種：既有作品以及客製作品。

既有作品一般是企業要求攜帶的，比如創意企劃、短影片剪輯等創
意類職位，會被要求攜帶之前的作品。但既有作品往往不能百分百與目

標職位的要求匹配，且由於競爭對手可能來自知名度更高的公司，一般求職者的作品可能失去競爭力。

在這種情況下，部分求職者會客製面試作品，即根據職位要求，透過網路獲取的公開資訊，準備面試作品。客製面試作品的好處主要有以下三個：

（1）突破背景限制。在獲得客製化作品之後，企業可以**根據實力評價求職者**，而非局限於求職者的背景。

（2）展現對職位的理解。客製面試作品能**反映求職者對職位的理解**。如職位的要求是：制定年輕世代喜歡的創意，那麼與其花大量時間說明什麼創意更符合年輕世代的喜好，不如直接客製3～5個例子進行說明。在準備作品的過程中，不需要準備成非常完整的PPT，也可以使用思維導圖等方式，簡要闡述自己的觀點。

（3）更展現自己的思維方式。相比既有作品，客製作品更能**展現可複用的思維方式**。因為過去的作品可能包含團隊其他成員的貢獻，但客製作品更能展現個人的實力。

那麼，求職者應當如何準備自己的客製作品呢？

2. 客製面試作品，用實力說話

求職者可以透過以下三個步驟，客製自己的面試作品：瞭解公允標準、執行關鍵守則、獲得專業指導。

（1）瞭解公允標準。求職者需要**瞭解該產業內公認的評價標準**。比如評價創意企劃的標準是邏輯清晰，符合公司調性和要求，以及創意是否可以落實。客製作品不一定需要做到百分百專業，但瞭解公允標準可以幫助求職者在正確的方向上前進。

（2）執行關鍵守則。求職者客製作品時，需遵守產業內的關鍵守則。如導演拍攝面試作品時，在無特殊情況下需要做到不越軸、焦距對準等。求職者可以在產業論壇、專業入門短影片中找到這些關鍵守則。

（3）獲得專業指導。在以上兩點的基礎上，求職者還可以**將面試作品展示給身邊的專業人士看**，請他們提出改進建議。如不確定其他人提出的建議是否正確，可以將作品傳給不同的人看，然後彙整出共性的建議。

以下，我透過一個職場新鮮人透過作品彌補經歷缺失，順利被外商錄取的案例，來進一步說明如何客製面試作品。

 幫小白進外商：用客製作品打敗競爭對手

　　求職者安妮透過社群平台找到我，說收到一家外商的面試通知，職位是市場企劃。「我沒有產業相關經驗，他們會錄用我嗎？」她問。

　　我說：「他們既然選擇了你，說明暫時還沒有其他人比你優秀，你只要比其他競爭者表現出色就行了。」

　　「那要怎麼做？」

　　「為他們客製一份市場方案，詳細展現你在擔任市場企劃後，會如何開始工作。」

　　該外商是一家啤酒公司，安妮面試的職位（見右圖），負責的是一款主打輕鬆基調的果啤產品Summer（化名）。

職位描述

職位職責：

- 為了推動銷量增長，完成業務區域的執行計畫，並制定主題和特定市場活動，籌劃並實施當地的通路行銷計畫；
- 為了使市場費用有效合理的使用，對各銷售大區的費用進行預算、預估，並對各項費用進行對比分析；
- 為了使活動效果最大化，配合品牌活動執行，在各通路做好品牌活動推廣宣傳；
- 為了推動生意的成長，定期收集、整理、分析市場資訊，瞭解市場趨勢，機會點及競爭情況，制定符合品牌和產品組合策略的新產品上市計畫；
- 管理業務區域促銷團隊，制定考核制度，系統管理促銷團隊日常工作並達成每月目標；
- 制定生動地物料及冰櫃訂購計畫，定期追蹤業務區域生動化及冰櫃使用清況，建立冰櫃檔案庫，定期向總部彙報；
- 本地品牌產品包裝物管理及優化，制定合理的產品策略。

某市場企劃的職位需求

這款產品主要針對的是年輕的上班族，尤其是女性。由於她之前無產業經驗，我建議她客製一份面試作品。

第一步是瞭解公允標準。

近幾年，越來越多的品牌開始往年輕化轉型。他們不再執著於傳統的品牌競爭，而是用年輕人的語言，真正和他們「對話」。比如某主打土雞的連鎖快餐品牌，甚至每週固定有幾條動態是「咯咯咯咯噠」。這種無厘頭的互動方式居然受到客戶的熱烈追捧。

是否善於以年輕化的方式與消費者溝通，就是近年來評價企劃的標準之一。

第二步是執行關鍵守則。

經過短暫的討論，我們彙整出以下關鍵守則：受眾第一、創意有效、細節創新。

第一條關鍵守則是受眾第一，就是一切以目標受眾的感受優先。比如該品牌的受眾是年輕人，主打輕鬆的飲酒文化，所以，與其板起臉告訴他們我們是誰，不如和受眾「玩」在一起，讓他們在互動中感受品牌文化。於是我問安妮：

「夏日（Summer）、輕鬆、年輕人，你第一想到的是什麼？」

「球場。」她想也沒想就回答。

她開始回憶自己大學時為了追求一位學長，每天送水去球場給他的情境。「他是校園明星，我是啦啦隊，當時我最大的願望，就是他能在人群中一眼注意到我。」

那一瞬間，我們同時想到：「啦啦隊，對！就是這個idea！」

第二條關鍵守則是創意有效。該品牌剛剛進入市場，前期粉絲量累

積還不多，目前最迫切的是開始大規模拉新，吸引到第一批種子用戶。

　　大規模拉新，關鍵在於「拉」。不如就設計一個遊戲機制，每個人可以拉 10 名朋友當自己的「啦啦隊」，為自己在線上爭取優惠，爭取到優惠最多的朋友，還可以獲得額外獎勵，並把這份榮譽分享到朋友圈：

　　「我是 Summer 某某（朋友姓名）陣營啦啦隊隊長，為去爭取到 ×× 戰鬥值，你也來試一下！」

　　成為最亮眼的啦啦隊隊長，不恰恰是很多女孩內心深處的夢想嗎？這一定能引發很多有效轉發，達成拉新目標。

　　第三條關鍵守則是細節創新。安妮根據這個思維，細化了一下企劃方案，包括機制、玩法、優惠等。除此之外，她還加入一些額外「福利」。比如抽到一些稀缺卡，可以解鎖和帥氣學長的特別劇情，雖然只是幾秒鐘的動畫，但寫得很有趣。

第三步是獲得專業指導。

　　安妮找自己在創意熱門公司工作的學姐看了一下方案，並獲得一些專業建議，如 H5 創意能否實現等。

　　最終，安妮憑藉這份方案，打敗其他有經驗的求職者，順利獲得該外商市場部企劃的 Offer。

■ 3.如何讓面試作品更具競爭力

在客製面試作品時，由於不清楚其他競爭者的水準，求職者往往不知道如何取勝，但依舊有一些方法能保證自己的競爭力。它們分別是提出獨創觀點、優化展示體驗和注意關鍵細節。

（1）提出獨創觀點。專業性的比拚可能很難分出誰優誰劣，但**若能提出獨創觀點，就能讓面試官對求職者留下深刻印象**。

比如我在面試某外商的市場部主管職位時，我的競爭者大多是在知名公司工作過、具有豐富經驗的管理者，我當時的判斷是如果採用各種常規方式，他們肯定比我更勝一籌，於是我從論壇行銷的方向切入，和面試官分享我早年在某社群平台教「宅男」提升社交能力，最後累積大批粉絲的經歷，並提出獨創性觀點：「想攻占年輕人的心，關鍵要從他們接受的方式著手。而素人證言恰恰是他們信賴的方式，透過在論壇上發表大量素人證言，可以為品牌累積大量年輕粉絲。」最後，我憑藉獨創性觀點順利拿到Offer。

找到自己擅長的領域，並從該領域找到很好的解決方案，可以提升求職者的競爭力。

（2）優化展示體驗。很多求職者的面試作品雖然很不錯，但在具體講述時，卻無法掌握重點，導致面試官對求職者的印象不深。想要在眾多競爭者中獲勝，求職者應當**優化作品的體驗**。比如在講述企劃案時，求職者可以先用50字以內的話，彙整一下方案的主題和亮點再詳述，方便

面試官理解。再比如，求職者可以將企劃案列印出來，發給在場每一位面試官，確保所有人都有較好的觀看體驗。

（3）注意關鍵細節。求職者可以**將面試作品中重要的部分標黑加粗**，方便閱讀。如果面試作品是PPT形式，還可以用圈和箭頭凸顯每一頁上重點展示的部分。因為面試時間有限，面試官不可能詳細閱讀作品中的每一個字，清晰的重點能幫助面試官記憶。

透過客製面試作品，求職者可以更能使用自己的實力說話，提升與職位的匹配度。下一小節，我們進入VIP法則的最後一個重要技巧：客製工作計畫。

1. 如果面試官因為你沒有相關經驗質疑你的專業性，如何透過面試作品打消他的疑慮？請結合「瞭解公允標準、執行關鍵守則、獲得專業指導」進行思考。

2. 在競爭激烈的情況下，如何讓自己的面試作品脫穎而出？請結合「提出獨創觀點、優化展示體驗、注意關鍵細節」進行思考。

掃QRcode看短影片

3.2.5 客製工作計畫：展現細節思考

在提供面試作品後，面試官還想進一步瞭解求職者會如何開始工作。下圖中是三位求職者的工作計畫，如果你是面試官，會傾向於錄取哪一位呢？

到職後，我每週會發表3篇公眾號文章，每月安排一次活動，為公眾號吸引更多粉絲。

小A

我計畫第一個月吸引1000粉絲，第二個月吸引2000粉絲，第三個月吸引5000粉絲。

小B

到職後，我會把通路測試作為第一目標，先在各大平台測試哪個吸引粉絲的效果好，選出一個優勢通路進行重點推廣；在內容方面，我會先用三種風格進行測試，一個月後確定內容風格。如果測試順利，前三個月能達成5000粉絲目標。

小C

三位求職者的回答對比

答案可能是小C，因為他是根據目標來確定計畫，並展現對細節的思考。而另外兩名求職者雖然給出具體數據，卻沒有說明得出這些數據的依據，不容易令人信服。

■ 1. 工作計畫，是為目標服務的

具體步驟雖然重要，但如果目標發生偏離，工作計畫也就沒有價值可言。一般而言，面試官會透過以下三點來評價求職者的工作計畫。

（1）目標是否合適。目標是否合適的內容包括目標是否符合公司所處的階段、戰略業務方向等。比如公司正處於起步階段，此時的重要任務之一是大規模拉新，那公眾號編輯職位的工作重點，就是為公眾號吸引粉絲而非進行轉化。

（2）計畫是否能達成目標。如果計畫只是機械性拆解目標，如把吸引 5000 粉絲的目標拆解成每個月吸引 1000 粉絲，持續 5 個月，那無法真正讓人信服。好計畫的每一步都有一定的依據，且如果執行效果不佳，會有備選方案。

（3）有無備選計畫。制定備選計畫的關鍵是圍繞工作重點展開。比如營運公眾號的兩大重點是吸引粉絲與轉化，那備選計畫也要圍繞這兩點進行延伸，而對於美化等其他細節，則不需花費太多筆墨。

透過以上三點，面試官能對求職者的細節思考能力有初步的判斷。

■ 2. 透過三個步驟客製工作計畫

在確保目標無誤的情況下，建議根據以下步驟展開工作計畫：確定關鍵能力、發掘差異優勢、創造職位關聯。

（1）確定關鍵能力。首先，求職者需要閱讀職位介紹，然後**理出職位**

需要的關鍵能力，在此基礎上制定工作計畫。比如客戶經理需要的關鍵能力是累積客戶資源，並完成客戶轉化，求職者可以從這兩點出發制定計畫。

（2）發掘差異優勢。在此基礎上，求職者**挖掘出自己特別的優勢**，有針對性地開始工作。比如求職者與各平台的當紅創作者有著密切的關係，可以借助他們打開客戶通路。

（3）創造職位關聯。求職者把自己的差異優勢與職位進行深度結合，有針對性地客製工作計畫。

接下來，請看一個案例。

客製工作計畫，助力知名媒體平台副總轉職投資人

「你對中年危機這個問題怎麼看？」某個下雨的週三夜晚，資深媒體人萊西這樣問我。

萊西是國內某知名媒體平台的副總，有17年的工作經驗，他來找我的目的，是希望在40歲前，轉職到心之嚮往的私募產業（職位描述見右圖）。

職位詳情

產業投資

方向：人工智慧、企服 Saas、醫藥健康、數位文體、晶片、網路、大消費等

職位職責：

- 對關注的目標產業進行持續研究，撰寫相關產業研究分析報告，梳理產業投資機會，挖掘產業優質專案；
- 配合參與擬定投資專案的預研、立項、盡責查證、談判及投資決策，包括不限於：細分產業研究、調查訪談、資料收集與整理、財務模型、協助撰寫專案報告等；
- 協助團隊完成其他工作。

職位要求：

- 生物醫藥、計算機、自動化、金融、經濟等專業背景碩士及以上學歷，具備產業複合背景；優秀者本科也可以；
- 對生物醫藥或航天產業濃厚的興趣，有較強的資訊搜集能力和數據處理能力，以及獨立的產業研究能力；
- 具有金融、投資、管理顧問等相關產業一年或以上工作經驗，熟悉股權投資運作流程，能承擔專案聯絡、盡責查證等工作；
- 熱愛投資產業，樂觀積極、踏實勤奮、為人正直，具備良好的溝通能力和團隊協作能力，能夠承受較高強度的工作，能夠接受長期出差。

某投資經理職位需求

我沒有經歷過中年危機，但我決心幫他實現他的夢想。

他的履歷亮點十足，營運過多個國家級重點專案，在各行各業都有核心資源，有創業經歷。這份履歷如果投到任何一家知名媒體，都可以獲得一份出色的工作。但問題是，他要進入的是私募領域，這樣的履歷就缺乏一些針對性了。

因此，我打算和他一起客製一份工作計畫，幫助他順利轉職，具體包括以下三個步驟：確定關鍵能力、發掘差異優勢、創造職位關聯。

第一步是確定關鍵能力。

透過閱讀職位介紹，我們發現私募產業需要的關鍵能力如下：

第一是專業能力。比如盡責查證、獲利分析、風險識別能力等，這些是他之前沒有的經驗。

第二是溝通能力。即與各行各業的創業者接觸，挖掘其價值和潛力的能力。他之前從事10年的記者工作，識人能力應該不差，可以作為一張「王牌」去打。

第三是資源。作為媒體界意見領袖，他擁有產業影響力，人際關係應該不錯，需要強調的是資源和具體業務的匹配度。

第二步是發掘差異優勢。

經過分析，他的優勢和資源不少，但略顯散亂：有金融實際操作經驗，是港股價投學習者，用獲利為父母買了一間房；有創業經歷，曾創立陌生人交友公司；邏輯性強，全國大專辯論賽北外四辯。

這些經歷如果一條條列舉，不會為面試官留下深刻印象，關鍵還是要從私募的本質出發，描述這些能力如何能幫助到新工作的情境中。

思前想後，我為萊西確定出兩個關鍵詞：

跨界：從「媒體人」到「投資人」，這是他的獨特差異點。雖然他在專業性上比不上產業工作者，但「跨界」，卻讓他擁有其他求職者不具備的敏感度，即對「人」的敏感。投資雖然需要注意很多帳面資訊，比如獲利情況、風險情況，但說到底是對「人」的投資，需要在專案前期，快速判斷創業者是否具有穩定經營的能力。

中年：中年的身分讓他擁有對中年創業者的敏感度，以幫助中年族群減少創業風險。

第三步是創造職位關聯。

媒體和投資的共同點，是「對人的在意」。

一個媒體人，之所以能形成影響力，是因為他真的在意自己的受訪對象。在擔任媒體人期間，萊西曾接觸過一些創業者，在報導裡寫過這樣的句子：「一個熱愛專案的創業者，如果愛得講話結結巴巴、語無倫次，我就知道他是真的愛。」

這是多麼精準的洞察，若不是真的深入瞭解受訪者的話，是寫不出這樣的句子。

所以，我給他的第一個建議是：在他的工作計畫書中，放入三個與創業者接觸的實際案例，並根據對創業者的洞察，制定投資計畫。

第二個建議是：從一個中年人的身分出發，聚焦中年創業者，談談針對他們的投資計畫。

就這樣，萊西在我的建議下，客製了一份工作計畫書，並在面試當天聲情並茂地向面試官分享這些年的經歷。面試官對他頗為欣賞，第二週便通知他報到。

他很感激我，一起吃飯之餘，他又問了我那個中年危機的話題：

「說實話,當時你覺得我是個失敗者嗎?」

我說:「中年只是一個身分,就像初學者、轉職者、跨界者一樣。有時我們會懷疑自己,是因為他們總是問我們:你沒有背景,真的能行嗎?但我看到的是,一顆真正熱愛的心,決定投身自己在意的事業,這一點足以打動任何一個有判斷力的面試官。」

他點點頭。後來我再看到他的消息,就是朋友圈裡關於和創業者接觸的日常。我想,他現在做著自己想做的事,一定很開心吧!

■ 3.用商業計畫書的思維客製工作計畫

在投資界,創業者會透過商業計畫書向投資人說明自己的價值,而求職者也可以運用商業計畫書思維來打造工作計畫,提升自己的價值感。

(1) 衡量投入產出比。商業計畫書的核心,在於以投入產出比衡量專案價值,即投資人付出多少,能夠獲得什麼樣的回報。這樣的思維也可運用在工作計畫書中。**求職者需要向企業說明,採用自己的計畫能為公司帶來什麼樣的收益**。好的計畫會以更加經濟的方式開始工作,並且具備一定的增長性。

(2) 凸顯競爭優勢。商業計畫書中有競品分析的核心,對比市面上同類型產品的優勢與劣勢。**求職者也可以分析自己的競爭優勢**。比如同樣是公眾號粉絲拓展計畫,使用素人推廣和官方廣告的方式差異在哪裡,

有哪些優勢與劣勢。

　　（3）打造可持續模式。好的商業模式具備可持續性，好的工作計畫也是。**求職者可向面試官說明，為何自己的計畫可以長期有效**。比如為了實現拓展公眾號粉絲的目的，求職者率先建立種子用戶群，然後透過種子用戶向外傳播，並透過激勵模式吸引更多的傳播者，這相比官方廣告具有更強的可持續性。

　　透過客製工作計畫，求職者可以展現自己對細節的思考，展現自己的專業度。在下一章，我將為大家介紹如何透過創造專屬案例的方式，提升求職競爭力。

1. 小明針對銷售的職位客製了一份工作計畫：計畫每週成功拓展 30 位客戶。請問小明的工作計畫有什麼問題？請結合「計畫是否能實現目標」進行思考。

2. 小王應徵市場部主管的職位，計畫以當紅主播直播的方式作為主要的流量來源。這個計畫是否有問題？請結合「用戶企業計畫書的思維客製工作計畫」的第三點「打造可持續模式」進行思考。

◆ 第 4 章

「創造」難以被
拒絕的案例

在前面的章節中，我們學習了如何透過故事面試法和VIP法則提升求職者的職位匹配度，但如果求職者應徵的職位與之前的工作內容完全不同，該怎麼辦呢？這一章，我會跟大家講解Highlight面試法的第三個核心：案例面試法，主要解決如何透過客製難以被拒絕的案例，得到心目中的工作。

4.1 什麼是案例面試法？

在我開始面試輔導的過程中，常常會遇到求職者諮詢這樣的問題（見下圖）：

求職者

> 應徵公告上寫著有相關工作經歷為佳。是不是沒有相關工作經歷的人就沒有機會？

> 既然是有相關工作經歷「為佳」，就說明過往也有不少無相關經驗者被錄取了。

我

我與求職者的對話

那麼，沒有相關經歷的求職者是如何被錄取的呢？這就要從一個概念說起了：行為面試法。

4.1.1 經歷，是不可踰越的鴻溝嗎？

　　行為面試法（Behavioral-Based Interview，BBI）是面試官透過求職者過去的行為和經歷，預測其將來行為的面試方法。求職者可以用 STAR 法則來應對行為面試法，它可以用一句話來概括，即：在什麼**情況**（Situation）下，承擔了什麼**任務**（Task），採取了什麼**行動**（Action），最後達成了什麼樣的**結果**（Result）。

　　從以上定義我們發現，雖然求職者的工作經歷很重要，但面試官也可以透過過去的行為瞭解求職者。**經歷並非是不可踰越的鴻溝。**

　　對於沒有相關經歷的求職者，面試官主要評估的是以下五種「力」。

■ 1.產業理解力

　　產業理解力幫助求職者對所處**情況**有更好的判斷。產業理解力的關鍵在於：理解產業問題。比如外行者認為網路產業的問題可能是吸引粉絲難，但熟悉產業的人會知道，難點在於粉絲的經營，即如何將更多粉絲轉化為付費者。

■ 2.應變能力

　　應變能力幫助求職者針對**情況**作出合理的反應。在網路時代，應變能力是評估重點，因為產業更新速度快，某種吸引粉絲的手段，可能在幾個月後就不再奏效。面試官需要確保求職者有應變能力。

■ 3.行動力

行動力能確保求職者完成**任務**。行動力是可以複製的，求職者可以透過復盤過去的行為，向面試官展現自己可以勝任新挑戰。

■ 4.關鍵能力

在此基礎上，求職者透過關鍵能力採取**行動**，最後達成預期的結果。求職者過去的工作可能與目標職位不同，但所用到的關鍵能力可能類似。比如導遊和會展執行的職位，都需要用到「安排部署」的能力。

■ 5.潛力

除此之外，面試官還想瞭解求職者勝任新工作的**潛力**。求職者展現潛力的關鍵，在於給面試官驚喜。

4.1.2「創造」好案例，填補經歷缺失

那如何好好展現這五種力，以彌補自己的經歷缺失呢？這裡建議：透過短期內嘗試一個與目標職位類似的專案，創造一個新的案例，並獲得相應成果，從而說服面試官自己可以勝任，即「案例面試法」。

■ 1.短期

案例需要**快速看到成效**，因此執行時間不宜過長，可以是兼職工

作，與朋友合作的案子，或者自己發起的專案等。如求職者想要證明自己有新媒體經營能力，不一定要從零開始，打造自己的新媒體帳號，也可以為新創公司供稿，其帳號可能已有一定粉絲基礎，更能看到效果。

■ 2. 類似專案

求職者所嘗試的內容，需要和**目標職位高度類似**。比如求職者應徵的是新創公司的新媒體職位，那麼向知名品牌供稿的經歷可能參考性不大，因為在帳號創立初期的策略，可能與成熟期的策略完全不同。

■ 3. 獲得成果

求職者需要設立合適的目標，並在規定時間內達成。這裡，合適的目標是指目標職位需要的能力。比如某新媒體職位需要的核心能力是粉絲吸引能力，那求職者就應當把吸引粉絲的數量和品質作為目標。

那具體有哪些案例是求職者可以創造的呢？

4.1.3 哪幾種案例，可以讓面試官印象更深

根據面試官評估的五種「力」，這裡建議求職者學會五種類型的案例，即創意案例、應變案例、實戰案例、分析案例和驚喜案例。

■ 1.創意案例

創意案例是**用創造性的方式解決產業問題**，展現的是求職者的產業理解力。求職者需要透過客製創意案例，解決真實的產業困境。創意案例常被運用於企劃、產品經理、設計師等需要創造力的職位，但其他職位如業務等，也可以客製創意案例，比如透過人工智慧電話的方式，創意地解決呼叫效率低下的問題。

創意案例的關鍵在於要有針對性，即針對的情境、針對的變化、針對的消費者。比如新媒體產業的情境現在越來越去中心化，那求職者就更需要透過去中心化的方式（比如意見領袖、素人證言等）製作內容，而非依賴傳統的官方廣告。

■ 2.應變案例

應變案例是**用通用能力解決多變問題**，展現的是求職者的應變能力。它主要被用於回答面試官提出的臨場問題，如「如果你是產品經理，如何緩解迪士尼的排隊問題？」應變案例無法提前準備，卻可以透過訓練提升求職者的回答水準，常被運用於面試客戶經理、導演、諮詢顧問等需要隨機應變的職位。但諸如網路營運、產品經理等職位，也需要應變案例，因為這些職位需要解決用戶突發的需求。

應變案例的關鍵在於洞察問題本質，求職者可以透過5W2H法（以下會有詳細介紹）進行思考。

3.實戰案例

實戰案例是透過**參與和目標職位高度類似的專案**，來展現求職者的行動力。行動力是可以複製的，透過類似的情境和挑戰，可以預測未來的行為模式。實戰案例的關鍵在於爭取機會，求職者可以透過自己的校友圈、朋友圈等獲得類似機會。

案例的復盤非常重要，能幫助求職者更能應對面試官的提問。比如，這個案例執行得是否好？判斷的依據有哪些？過程中嘗試哪些改進？還有哪些能改進的地方？

4.分析案例

分析案例是求職者**針對目標職位模擬的分析檔案**，展現的是求職者的關鍵能力。比如，求職者應徵的是綜藝企劃的職位，可以預先研究該綜藝的人設、策略、獲利模式等，並客製一份分析檔案，以證明自己的洞察能力。

在製作分析案例時，求職者還可以客製一份自己的能力圖譜，即案例中，用到哪些自己的關鍵能力，還有哪些能力是需要加強的，可以更提升與職位的匹配度。

5.驚喜案例

驚喜案例是**透過給出超乎期望的解決方案創造驚喜**，展現的是求職者

的潛力。當競爭者提供的案例水準都不錯時，驚喜案例可以幫助求職者脫穎而出。打造驚喜案例的關鍵在於凸顯獨特記憶點、創造獨特關聯和反覆強化這三個方面。具體內容將在後面的小節中詳細講解。

思考題

1. 小何想面試農產品直播營運的職位，朋友推薦她先去某娛樂公司嘗試擔任營運，請問這段經歷是否能幫助小何？請結合「類似項目」進行思考。
2. 小趙想擔任某教育公司的公眾號編輯，在沒有類似機會的情況下，他可以如何證明自己的能力？請結合「分析案例」進行思考。

4.2 讓面試官難以拒絕的五種案例

現在，讓我們進入第一種案例的學習：創意案例。

4.2.1 創意案例：展現你對產業的深入理解

有位求職者對我說：「想要轉職也太難了吧，幾乎是不可能的任務。」

我問他為什麼，他回答：「因為在人事經理面試過後，就會進入業務主管面試，當他追問一些業務細節的時候，我就回答不上來。」

他的話讓我想起自己當面試官的一次經歷，當時，我們在為一個印表機品牌招募直播營運的職位，有一位來面試的求職者曾在娛樂公司任職。當時我們的對話如下圖所示：

如果讓你優化一場印表機品牌的直播，
你會從哪些方面著手？

我

首先，我會從主播的顏值著手，為她搭配
最好看的衣服；其次，我會培訓她索要打
賞的話術，這樣就能增加直播間的收入。

求職者

我與該求職者的對話

這位求職者犯的錯誤是：過度依賴原有經驗，而沒有用創意性方式解決職位上的新挑戰。

■ 1.創意案例，是用創意性方式解決問題

為了提升自己與職位的匹配度，求職者可以透過客製創意案例的方法，應對職位上真實的挑戰。好的創意案例包括以下三個特點。

（1）懂問題。創意案例建立在對問題的理解之上，很多創意案例之所以不成功，是因為對消費者的問題理解不深入。比如在面試短影片編劇時，過分強調故事的完整性，就是沒有理解碎片化時代觀眾的問題：他們需要編劇能在有限的時間內，帶動他們的情緒。

瞭解消費者問題的一個方法是：**緊跟時代趨勢**。比如，媒體產業不可避免的趨勢是碎片化和去中心化。創意方案也要跟上時代趨勢。

（2）可體驗。在瞭解消費者問題的基礎上，求職者要用創造性的方式解決問題，並<u>讓這個過程可體驗</u>。比如，在廣告企劃方面，比起一本正經地訴說品牌故事，現在的消費者更希望品牌能用遊戲的方式和他們玩在一起。那麼，求職者就可以向面試官多呈現一些體驗出色的小遊戲。

提升體驗度的優勢在於：面試官可以直接感受到創意方案的出色之處，從觀看者轉變為參與者。

（3）可執行。在以上的基礎上，求職者要<u>提供一個可執行的方案</u>。這個方案既能解決受眾的問題，同時在執行層面上又有實際操作性。

比如，某團隊建造活動希望以「嘗嘗我的家鄉年味」為主題，讓求職者來寫方案。求職者可能會想到讓公司員工現場做菜，但這樣需要租賃大量設備，且具有一定的危險性。更好的解決方案可能是讓員工提前準備好菜餚，並在現場邀請品嚐，對於一些複雜度低的操作，比如撒醬料等可以在現場完成，提升菜色的口感。

■ 2.三個步驟客製創意案例

求職者可以透過以下三個步驟客製創意案例：挖掘真實困境、找到靈魂情境、匹配可靠執行。

（1）挖掘真實困境。為了展現對問題的深入理解，求職者需要**挖掘產業內存在的真實困境**。比如老牌餐飲領域面臨的困境是，陳舊的品牌宣傳無法吸引年輕受眾，那求職者就可以透過新穎的遊戲形式（如掃QRcode參與小遊戲），提高年輕族群的到店率，並透過遊戲中的積分機制，提升受眾的黏著性。

（2）找到靈魂情境。在此基礎上，求職者需要準備一個合適的方案呈現情境，提升面試官的體驗度。比如求職者在面試某甜品公司時，設計的方案是到實體門市吃甜品，有一定機率能抽到金飯碗，當他將閃閃發光的金飯碗製作成概念圖，並提交給面試官時，面試官的體驗度就會大大提升。

（3）匹配可靠執行。求職者要提出有說服力的執行方案。比如求職者可以大致預估一下金飯碗的數量和成本，以及新增客流量帶來的收入，以此證明方案的可行性。

以下，透過一個案例來講解如何打造一個具有說服力的創意案例。

 面試創意熱店，元宇宙創意抓住全場目光

創意熱店，是很多人心之嚮往的地方。這裡彙集著充滿創造力的人才，彷彿一個巨型發射機，對外發射著無數具備傳播性、記憶度和影響力的創意。這也讓面試的難度係數變得極高，因為求職者的競爭者大多來自頂尖創意公司，以及各產業的精英。

求職者娜米透過社群平台找到我，說希望挑戰國內某知名創意熱店的企劃工作。她之前在一家虛擬偶像公司擔任編劇，有兩年工作經驗。她收到的面試題，是為某遊戲專案企劃 b 站自製劇腳本（見下圖），主題是時下熱門的話題：元宇宙。

面試題

X 公司計畫開發一個音樂類遊戲，針對年輕族群進行推廣，因此需要拍攝一部以元宇宙為題材的短劇，並在劇中展現公司對原創精神的支持。請你根據以上背景，創作一個劇本大綱。

面試題具體內容

「我對元宇宙沒什麼瞭解，你覺得我有戲嗎？」她問。

「元宇宙對大部分人來說，都是一個很新的概念。」我回答，「雖然其他求職者在企劃上可能更有經驗，但如果我們能做到比他們更客製

化，更瞭解觀眾的興趣點，就能超越他們。」

　　詳細閱讀面試題後，我們彙整出三個關鍵點：

　　（1）對方是一個音樂類遊戲公司，所以對劇本中的音樂元素較為看重；

　　（2）公司的價值觀是鼓勵原創，支持創新；

　　（3）遊戲的受眾大多是年輕人，特別是「95後」和「00後」。

客製創意案例的第一步，是挖掘一個真實困境。

　　對原創者來說，什麼才是他們的問題？我想起之前看過的新聞，說一些公司洩露用戶隱私，將利潤置於用戶的利益之上。他們太注重「結果」，而非「過程」，結果傷害用戶的感情。而在創作領域，很多創作者因為長時間沒人購買自己的作品，逐漸失去創作的熱情。所以，他們遇到的困境就是：在市場的競爭中失去初心。

　　因此，我們將短劇的主題確定為：不忘初心。

客製創意案例的第二步，是找到一個靈魂情境。

　　我問娜米：「你覺得在元宇宙開演唱會，和線上、實體開演唱會有什麼不同？」

　　她說：「首先，玩家可以穿著自己設計的服裝出場，打賞的道具也可客製化，比如歌手的『粉絲』叫肉包，『粉絲』就可以用肉包打賞她。」

　　我覺得很有趣，但既然公司鼓勵原創精神，我們可以找一些更誇張的情境。

　　「比如這個歌手是玩龐克的，有一天，他心血來潮想在自己的音樂裡融入古箏的元素，但他覺得古箏的顫音太長，於是他乾脆做了一個全新的樂器──『龐克箏』，結果一下子驚豔全場。」

　　「有樂器還不夠，元宇宙最大的特點就是每個用戶都可以上傳UCG

內容（用戶自產內容），我們就在演唱會上安排一個環節，讓各種各樣的創作者都在大螢幕上演唱自己的原創歌曲，包括流行的、小眾的等。這樣一定很有衝擊力。」

現在，我們有了靈魂情境，也發現了真實困境。那怎麼做才能讓面試官快速記住呢？

客製創意案例的第三步，就是匹配可靠執行。

一個好的故事，必須同時符合品牌要求、符合主題，這就需要用到關鍵性元素。

我們設計出這樣一個故事：

某原創歌手受邀參與一個大型元宇宙挑戰賽，參與爭奪一件高價值的數位藏品。挑戰賽的其中一個關卡，是所有選手必須表演他們的原創作品。由於準備時間只有短短三小時，這位原創歌手打算找些網路片段臨時拼湊，合成一個自己的作品。但他想起自己第一次打虛擬鼓，為了對準人聲花了整整一晚上。他重燃創作的熱情，不僅設計了一個獨創的樂器「龐克箏」，還邀請各位原創歌手和他共同完成這場表演。最後驚豔了全場。

這個故事同時具備音樂、原創、遊戲的元素，同時還結合對元宇宙的深度理解。

最後，娜米帶著這個腳本去面試，成功從16名競爭者中勝出，贏得企劃的Offer。

現如今，很多網路公司的面試題目都會給出一些新穎的主題，比如元宇宙、虛擬偶像、數位分身、人工智慧等，這些題目其實並不難，只要求職者能真正去瞭解品牌，以及他們的價值觀、文化和受眾，並融入自己的理解，相信能和他們「玩到一起」。

■ 3. 三個「針對」，讓創意案例更實用

（1）針對情境。脫離情境的創意案例可能很有趣，但如果真正結合情境進行思考，就會發現其荒謬所在。比如在設計某跨城年會案例時，求職者的創意可能是讓三個城市的員工透過大螢幕連線進行趣味知識競賽，但如果**真正結合情境進行思考**，會意識到現場可能存在網路延遲問題，因此無法及時評價搶答的速度。更好的解決方案可能是，三地員工透過大螢幕分別做分享，既展現聯動性，也不會受網路延遲的影響。

（2）針對變化。好的創意案例需要**考慮到產業內發生的變化**。比如結合運動、娛樂和社交的彩色路跑是前幾年公司年會非常熱門的創意活動，但前幾年由於特殊原因，大型的戶外活動有所影響，因此求職者可以考慮一些能在室內完成的創意活動，比如 Tufting（簇絨，指參與者使用簇絨槍製作有特定圖案的地毯、抱枕、工藝品等）。

（3）針對消費者。求職者需要**針對目標消費者客製符合他們特性的案例**。比如在本節一開始提到的印表機品牌直播營運職位，受眾更看重產品的實用性，求職者就可以從實用性角度設計案例，如在現場挑戰 5 秒為印表機換墨水匣，表現易換墨水匣的賣點，或許可以吸引更多受眾觀看。

思考題

1 小王面試某培訓中心直播企劃的職位，提供的案例是透過發傳單的方式提升直播的觀看率。這樣做有何不妥？請結合「針對情境」進行思考。

2 小陳面試某針對年輕白領的直播企劃職位，提供的案例是直播辦公室早餐活動，這樣做有何不妥？請結合「針對消費者」進行思考。

4.2.2 應變案例：表現你的靈活性

如果說求職者有什麼容易「害怕」的面試形式，那莫過於案例面試了。

案例面試（Case Interview）一般是針對管理顧問面試而言，現在也被廣泛運用到快消、廣告、網路等產業。面試官通常會提出一個商業問題，然後讓求職者提出分析和意見，由此評估求職者的應變能力。比如：

「如果你要開一家奢侈品門市，會如何選址？」

「某產品進入中國市場後始終銷量不好，你會如何分析原因？」

「請你從產品經理的角度分析一下，××小遊戲『出圈』的原因。」

求職者之所以害怕這種類型的面試，是因為它對於應屆生和跨產業者而言，不太好準備，通過的可能性較小。

那麼案例面試，真的無法準備嗎？

■ 1.應變案例，用通用能力解決多變問題

如果求職者參加過集體面試，那一定會注意到這樣一種現象：同樣的題目，有的求職者支支吾吾答不上來，有的求職者卻對答如流、條理清晰。是因為後者提前猜題了嗎？但事實上，很多題目包含熱點或企業個性元素，是不太容易猜中的。那是因為後者有相關經驗嗎？也不盡然。

只有一種可能，那就是：透過通用能力及恰當的架構，求職者可以提升案例面試的通過機率。

常用的分析架構包括4C〔Consumer（消費者）、Cost（成本）、Convenience（便利）、Communication（溝通）〕，4P〔Product（產品）、Price（定價）、Place（通路）、Promotion（推廣）〕等，但千篇一律的架構無法展現個人優勢，怎麼辦呢？這裡建議：使用應變案例，用通用能力解決多變問題。

所謂的應變案例，是指**在面試時透過固定的步驟，迅速做出能展現個人優勢的案例，以應對面試官的臨時挑戰**。那麼，如何客製應變案例呢？

■ 2.客製應變案例，以不變應萬變

求職者可以透過以下步驟客製自己的應變案例：

（1）發現通用能力。求職者在面試前，透過彙整職位關鍵詞的方

式，**發現職位所需的通用能力**。比如產品經理的通用能力是：對用戶需求的洞察、對用戶心理的掌握、對獲利模式的瞭解等。

（2）強化個人優勢。求職者透過梳理這些能力，**找到自己優勢的能力所在**，然後在面試時著重呈現，並弱化自己不熟悉的部分。比如題目是如何用產品經理思維緩解迪士尼的排隊問題，某求職者對獲利模式熟悉，但對營運方式不熟悉，就可以說：「雖然我對營運方式不熟悉，但我認為，排隊一定對商家更有利，因此我的重點會放在緩解用戶的排隊焦慮上。」

（3）提出具體方案。求職者在自己優勢的基礎上，**提出一個具體的解決方案**。而對於自己不確定的部分，可以說面試後會繼續研究，並以檔案形式回饋給面試官。

接下來，透過一個詳細的案例來進行講解。

客製應變案例，幫我獲得導演的工作機會

「下個星期，你當回導演直接面對客戶吧。」某個星期三下午，上司突然對我說。

那時我在某技術公司擔任營運部負責人，對方是一家大型國營企業，想籌拍一部抖音自製劇，宣傳「創造身邊的美好生活」的品牌理念。如果能順利接案，就能證明我們在內容營運上的實力。這對作為技術公司的我們非常重要，因為好的營運，才能讓技術產品發揮出真正優勢。

這個機會很快就來了，客戶提出先給我們一個專案測試：獨立拍攝一集職場主題的短劇，並告知我們第二天中午會舉行線上會議，大主管也會參與。

由於之前沒有導演經驗，我決定透過客製應變案例的方式應對這個情況。這具體包括三個步驟：發現通用能力、強化個人優勢、提出具體方案。

第一步是發現通用能力。

我先到應徵網站上看了一下導演需要的核心技能（見下頁圖）並彙整：

職位詳情

宣傳片　完整的執行能力　多年分鏡經驗

深厚的美術功底　產品片　視聽語言

職位描述：

- 負責公司短影片內容的選題企劃，撰寫腳本和制定拍攝計畫；
- 根據前期採訪的情況，制定分鏡頭本，準備所需的場地、道具等；
- 現場指揮和監督拍攝過程、成片的初剪工作、跟進後期的製作、剪輯。

職位要求：

- 本科及以上學歷，電視編導、傳播學、廣告學等相關專業優先；
- 三年以上導演經驗，對企業等有一定的彙報經驗；
- 良好的文字功底和豐富的創意能力，能獨立完成前期影片企劃、腳本撰寫；
- 掌握影片風格，熟練鏡頭語言，富有創造力及較強的美感，熟練運用後期合成剪輯軟體；
- 具有良好的專案管理意識，對專案週期、成本、人員調配等有很強的管理能力，有良好的整體掌握力、優秀的企劃能力；
- 傑出的人際溝通能力及交際能力，具備較強的口述演繹能力、應變能力強，有強烈的創新意識。

導演職位需求

①對主題的整體定位與理解；

②對角色的掌握；

③服化道企劃；

④現場調度與拍攝指導。

第二步是強化個人優勢。

我根據自身情況，將這些能力分為「具備的能力」與「暫時不具備的能力」。比如對主題的理解和角色的掌握是我的優勢，因為我接過喜劇編劇的工作，可以在會議上會強調；但服化道（服裝、化妝、道具）、拍攝指導這些之前沒有接觸，可以請團隊其他成員幫忙或把話題引導到其他方向。

第二天，那場具有決定性作用的會議開始了。在交代專案情況後，營運部總監提出第一個問題：「你們之前有拍攝抖音自製劇的經驗嗎？」

沒有拍攝經驗是我的弱項，但對主題等的掌握卻是我的強項，於是我直接向他提出一個引導性問題：「不知道自製劇的主題和人設，我們是否已經有一些詳細的規劃？不妨說一下。」

客戶開始闡述這部劇的人設：「我們設計了鍾經理這個人物，她是一位對食物非常挑剔的人，我們想藉此表達集團對食物的標準非常嚴格。」

「如果是這樣的話，不妨將角色改名為『挑老闆』。角色取名的關鍵，是遵循『3秒法則』，就是任何一個角色都要讓觀眾在3秒內理解。挑老闆這個名字不僅能展現她對食物的追求，更能呼應這部劇的主題：百裡挑一，為消費者挑好貨。」

第三步是提出具體方案。

在這個基礎上，我進一步建議為「挑老闆」配一個專屬道具：一個粉色的放大鏡。放大鏡代表不放過食物的任何細節，粉色代表少女心，展現角色的反差。客戶很喜歡這個提議，決定拍攝時帶她女兒的放大鏡來。

後來客戶又提出一些其他的問題，比如我們服化道方面的能力。幸好我提前準備，找了部門裡最有時尚眼光的實習生，寫了一份把品牌和購買相連結的詳細規劃。

客戶看到那份方案非常滿意。接下來，我們為客戶進行現場拍攝。在拍攝時，我們為很多畫面設計了特別的運鏡，比如其中有一幕，是將該集團的產品之一牛肉擬人成一位求職者，被面試官挑老闆提問，我們用放大鏡放大挑老闆的面部表情，描摹她對食物一絲不苟的追求。

最後，我順利成為該專案的導演。而「百裡挑一自製劇」，也在開播一週內獲得10萬流量。很多觀眾在評論區留言給我們，說喜歡我們的短影片。

■ 3.5 W2H分析法，幫你發現問題本質

上面，我介紹了如何透過客製應變案例獲得更多機會。以下，我將告訴大家如何使用5W2H分析法，更快發現案例中問題的本質。

5W2H分析法又叫七問分析法，以五個以W開頭和兩個以H開頭的英文單字組成：

（1）What──是什麼？目的是什麼？做什麼工作？

（2）Why──為什麼要做？可不可以不做？有沒有替代方案？

（3）Who──誰？由誰來做？

（4）When──何時？什麼時間做？什麼時機最適宜？

（5）Where──何處？在哪裡做？

（6）How──怎麼做？如何提高效率？如何實施？方法是什麼？

（7）How Much──多少？做到什麼程度？數量如何？品質如何？費用如何？

以下，我將以「如果你是產品經理，能不能為我們設計一個像××一樣的爆款小遊戲？」的問題為例，告訴大家如何用5W2H分析法找到問題本質。

（1）What──設計一個爆款遊戲，能不能做到？

（2）Why──為什麼要設計爆款小遊戲？是必須的嗎？

（3）Who──這款遊戲針對的對象是誰？

（4）When──什麼時候開始投放遊戲？是節假日，還是平日？

（5）Where——在什麼平台或通路發布？

（6）How——怎麼達到公司的目標？

（7）How Much——遊戲推廣需要持續多久？需要多少經費？

其中，Why（為什麼）是最重要的問題。比如結合Where（哪裡）和 Who（受眾是誰）進行思考，如果公司的主要客戶在抖音平台，而微信平台沒有太多客戶基數，小遊戲又主要在微信平台傳播，那製作爆款小遊戲就不是一個必選項。

再比如結合How（怎麼做）進行思考。如果公司的主要客戶在抖音平台，那可以透過邀請意見領袖參與挑戰等方式製造爆款，更能觸達目標用戶。

因此，當面試官給出案例後，求職者不必完全按照案例中的思路答題，而是應該透過深入的分析，找到更適合問題的解答，展現自己的真實力。

下一節，我將分享如何透過實戰案例，證明自己的專業度。

1 如果你要面試某職位，但其中的某項關鍵能力你並不具備，如何提升
面試通過的機率？請結合「強化個人優勢」進行思考。

2 請使用5W2H法則思考「如果你是業務，如何將這支
筆賣給我」這個問題。

掃QRcode看短影片

4.2.3 實戰案例：展現你的專業度

在我做面試輔導的過程中，有時會遇到這樣的學員：基本能力不
錯，但由於畢業後的第一份工作選錯方向，始終與心目中的公司無緣。
其他人可能會給出這樣的建議：

「去報個培訓班吧！」

「聽聽網路課程吧！」

但問題是理論如果不能與實際結合，求職者將無法獲得真正的專業
度。比如參加了文案課程，知道如何取一個有吸引力的標題，卻依舊不
知道該如何落筆。

因此，證明自己專業度更好的方法，是在短期內參與實戰案例（至
少一個），用實力說話。

■ **1.實戰案例,可複製的行動力**

實戰案例的關鍵,是要展現自己曾有類似經驗。那麼,在面試官眼中,什麼樣的經驗是「類似經驗」呢?

(1)情境類似。情境包括產業方向、職責範圍、工作重點等。比如同樣是營運職位,從職責範圍來看可以分為內容營運、產品營運、活動營運等,對求職者的要求也不同。比如產品營運更看重求職者是否有產品思維,最好有畫原型圖的經驗;而活動營運更看重過往活動的效果。

(2)能力類似。比如,部分求職者會根據下圖洋蔥模型列舉出職位需要的核心能力,並將自己的能力進行匹配。

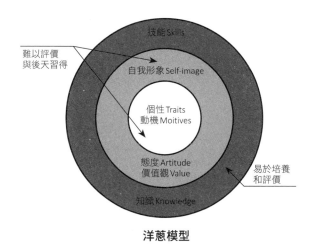

洋蔥模型

(3)挑戰類似。比如不同職位對溝通能力的界定是不同的,客戶經理需要的溝通能力是用最簡潔的語言讓客戶明白;而產品經理需要的溝

通能力，是儘可能精確地描述產品問題。

■ 2.如何客製自己的實戰案例

求職者可以透過以下三個步驟客製屬於自己的實戰案例：爭取專案計畫、運用專業能力、解決專業挑戰。

（1）爭取專案計畫。在專案計畫中，求職者會**接觸到真實的情境、真實的客戶**。比如心理諮詢師在前期雖然無法接手個案，但也可以透過電話諮詢的方式，接觸真實的客戶。求職者可以透過兼職平台、短期合作、校友推薦等接觸到專案計畫。

（2）運用專業能力。求職者需要**儘可能在職位上運用專業能力**，並得到專業指導。比如某求職者獲得一個兼職設計的職位，就可以在聯絡人提出修改意見時，多追問如何提升，比如需要運用哪些設計理論等。

（3）解決專業挑戰。求職者可以**主動爭取更具挑戰性的工作**。比如某項工作對溝通要求很高，求職者可以在主動參與溝通的過程中，並將溝通的難點和解決方案記錄下來。

請看以下這個案例。

 客製實戰案例，幫助公務員轉職網站營運

小湯是我知識星球上的用戶之一，是名公務員，求職目標是跳槽到某網路知名企業，成為一名營運。職位需求如下圖所示。

職位詳情

線上營運

職位職責：

- 負責引入優質短影片創作人，對優質創作人的增長量負責；
- 透過有效的營運策略，提升創作人的活躍度與平台黏著性；
- 洞察平台的內容熱點與發布需求，有效引導創作人產出優質模組，對優質模組數量與品質負責；
- 深度接近創作人，收集與理解用戶回饋，梳理用戶需求，推動平台迭代。

某網路企業的營運職位需求

「我目前的工作就是和所轄村民宿委會溝通、統計機關養老保險，你覺得我應徵營運職位有希望嗎？」

這兩項工作，乍聽和營運好像沒有任何關係。但當我詳細研究他的

履歷，發現了一些有意思的「隱藏能力」：

●比如和村民宿委會溝通，別人只是按部就班傳達組織要求，但他能根據村民的特點，用他們理解的方式說話。比如跟老人溝通，他就會用類比、畫畫的方式，讓他們5分鐘內快速理解重點。這對營運來說，是特別寶貴的能力，因為營運說到底是針對「人」的工作，得會「穿別人的鞋子走路」。

●再比如統計養老保險，他能從各項數字的橫向對比和縱向對比中，發現有價值的資訊，這恰好是營運需要的，即對數據背後隱藏現象的敏銳度。

於是，我建議透過客製一個實戰案例，將他的能力真正發揮出來。

第一步是爭取專案計畫。

我當時恰好手頭有個專案，為一些一線3C、餐飲、酒店類品牌招募創作者，拍攝造勢短影片。他可以作為一名招募者，全程參與達人的溝通、維繫、培訓、轉化的過程，快速體驗到營運工作的大小細節。

這份工作具有很強的挑戰性，因為達人作為創作者，本身有極大的靈活性。一段短影片能不能展現品牌想表達的意思，可以從多種角度解讀。

第二步是運用專業能力。

小湯的主要能力是溝通能力，因此，我決定把和溝通相關的任務交給他，讓他在實戰中展現自己的換位思考能力。

第三步是解決專業挑戰。

專案執行的第一個星期，小湯就遭遇有史以來最大的「滑鐵盧」：有30段短影片被品牌方以不符合要求為由，被打回票，而重新創作的

時間只有一週。

　小湯發現，問題的關鍵在於，品牌方和達人對活動的主題「隨心運動」的理解不同，品牌方認為隨心運動是一種「概念」，但運動者本身還是要具備專業性，而達人認為隨心運動是一種「態度」，在教室裡跳繩、溫泉館娛樂區扔飛鏢都是隨心運動。

　發現這個關鍵差異後，小湯最終做出以下決策：與品牌方快速約了一個線上會議，確定之後需求制定的原則，以避免類似情況再次發生。

　後來，那30個不符合品牌要求的短影片，在我們的爭取下，數量減到5個。對於未來的合作，品牌和達人也建立更深的信賴。

　最終，小湯憑藉這個實戰案例，從35名競爭者中脫穎而出，順利獲得該網路公司營運的Offer。

■ 3.SWOT復盤法，提升實戰案例可信度

很多求職者案例做得不錯，但在面試官提問時卻「一問三不知」，比如下圖中的情況：

面試官

你說營運活動很成功，請問哪個通路吸引粉絲最有效呢？

不好意思，專案時間有點久了，我不太記得了。

求職者

面試官

那吸引的粉絲人物誌是什麼樣的？

不太記得了，要回去再看下報告。

求職者

面試官與求職者的對話

在這樣的情況下，面試官可能會認為求職者的案例沒有可信度，從而對求職者減分。那麼如何避免這樣的情況發生呢？

這裡建議的做法是：在完成案例後及時復盤。求職者可以透過SWOT分析進行復盤，具體如下：

（1）優勢（Strength）。首先，在完成案例後，求職者要**對執行情況進行一個基本的評價**，即「這個案例做得好還是不好」。評價需要有具體的指標，比如投入產出比、千次展示成本等，求職者可以透過對比同業代表案例，或者過往經驗等，得出一個較為可靠的結論。

在此基礎上，求職者需要**彙整案例的優勢所在**，即做得好的部分，對未來有什麼參考之處。思考時需要儘可能細緻，包括通路、營運方式、目標客群措施、成本等。比如求職者可以問自己：「哪個通路吸引的粉絲更有效？這次的經驗可以複製嗎？」並思考在其他情況下如何調整。

（2）劣勢（Weakness）。劣勢分為「已改進的部分」與「未改進的部分」。對於已改進的部分，求職者需要**描述為改進做了哪些努力**，哪些努力是有效的，判斷依據是什麼；對於未改進的部分，求職者需要**闡述未改進的原因**，以及之後遇到類似的情況，是否有優化的可能。

很多求職者的錯誤在於：故意掩飾案例的劣勢，但沒有缺點的案例會讓人產生不真實感，而**對缺點的剖析反而會展現求職者很強的反思能力**，比如求職者可以說：「這個案例主要的問題是樣本過小，沒有測試出目標受眾的真實興趣，原因是預算不足。如果預算充足，我會再添加三個主題進行測試。」

（3）機會（Opportunity）。機會主要指**這個案例的經驗能為目標公司帶來什麼**。比如打開新視角、瞭解新市場、引入新做法等。求職者可以將目標公司的情況進行結合，比如目標公司的主要業務是明星的營運，而

求職者的過往經驗是素人創作者的營運，他就可以分享如何透過素人，為目標公司創造更多收益。

（4）威脅（Threat）。威脅主要指**這個案例的經驗能為目標公司避免哪些威脅**。比如目標公司的主要通路在微信，而在抖音等其他平台沒有布局，但這些平台中有大量的競爭者。如果求職者在之前有相關平台經驗，就可以分享給目標公司，防止被競品反超。

下一節，我將分享如何透過分析案例，讓面試官看到你的關鍵能力。

思考題

1 小陳想應徵客服的職位，她準備列舉的案例是自己曾在餐飲店擔任過服務員。請問這樣做有何不妥？請結合「情境類似」進行思考。

2 請使用SWOT模型，分析你最近經手的一個案例。

4.2.4 分析案例：證明關鍵能力

面試官有時會問求職者以下問題：

「你怎麼看待××平台？」

「你對我們公司的××產品怎麼看？」

這時，求職者往往會從社會影響、行銷模式、用戶心理等角度侃侃

而談,但面試官似乎並不滿意,是哪裡出錯了呢?

可能的原因是:求職者並未將自己與職位相關的能力透過分析展現出來。

■ 1.分析案例,讓能力可參照

在我應徵抖音短劇導演時,常常會問一個問題:「你如何看待抖音平台?」以下是三個求職者的回答,如果你是面試官,會傾向於錄取哪一位求職者?

我認為它的行銷做得很成功,抓住了用戶的心理。

小A

我不太喜歡這個平台,我更喜歡XX平台,因為XX。

小B

它是一個碎片化短影片平台,這就要求導演在短時間內抓住受眾的注意力,同時它也是一個娛樂平台,因此短影片要具有一定的娛樂性。

小C

三位求職者對「你如何看待抖音平台」的回答對比

答案可能是小C,因為小A和小B雖然也做了分析,但未展現自己有

擔任導演的能力。

那如何展現自己的能力呢？這裡建議：**透過客製分析案例的方式，讓能力可參照**。

所謂分析案例，就是透過**分析目標公司的品牌、產品、策略等的方式，展現出與職位相關的能力**，從而獲得錄取機會。

有人可能會問：「分析案例，是不是要找出公司的缺點？」

這裡**不建議透過找缺點的方式做分析**，因為求職者可能並不瞭解公司決策的真正原因，盲目分析可能會將自己陷入不利的境地。

■ 2.客製分析案例，展現關鍵能力

求職者可以透過三個步驟客製分析案例：把握關鍵機會、執行關鍵動作、彙整關鍵洞察。

（1）把握關鍵機會。求職者要**抓住關鍵機會瞭解該職位**，包括與業內人士交談、參與相關實務等。這可以幫助求職者瞭解職位需要哪些能力。

（2）執行關鍵動作。求職者**透過執行關鍵動作，運用職位相關能力**，如嘗試職位類似專案，撰寫產業相關文章等。

（3）彙整關鍵洞察。求職者對目標公司的品牌、產品、策略等進行分析，**彙整出一些關鍵的觀察**，比如該職位執行成功的關鍵是什麼，如何讓更多目標受眾購買產品等。

以下這個案例，會告訴你具體如何客製分析案例。

 客製分析案例，獲得國內大型綜藝Offer

「你過往沒有任何綜藝背景，怎麼證明自己能勝任這份工作呢？」浙江衛視某大型綜藝面試現場，節目組負責人一針見血地問。

我沒有猶豫，從包裡拿出一沓厚厚的A4紙，上面是我花了兩個晚上時間，對節目做的研究報告。他翻了幾頁，臉上逐漸露出了笑容。

事情要從兩個月前說起。那時，國內綜藝《樂隊的夏天》正風靡，其與眾不同的犀利觀點、真實人設以及高品質文化輸出，深深地打動了我。

「如果能成為一名綜藝編導，那該多好啊。」這個想法像是磁石一樣吸引著我。雖然當時的我只在廣告公司做過企劃，我卻深信：這次我也能實現夢想！

問題是：沒有編導的經歷，會有人願意讓我嘗試嗎？我想到一個方法：客製一個分析案例，讓面試官知道我對綜藝的洞察力，我將其分為三個步驟：把握關鍵機會、執行關鍵動作、彙整關鍵洞察。

第一步是把握關鍵機會。

我在50個影視相關的群組裡貼出自我介紹，詢問有沒有影視公司需要短期編導，只要能讓我參與，免費的也可以。居然真的有個影視公司的CEO加我。

他說他們正在籌拍一部科幻喜劇，人工智慧方向，每集10～20分鐘。他說看了我公眾號裡分享的小說，覺得可以讓我試試做編劇，問我有沒有興趣。我同意了。

第二步是執行關鍵動作。

　　由於我從沒寫過喜劇，為了瞭解喜劇，我在朋友圈尋找所有可能和影視有關的朋友，問他們怎麼寫喜劇。有個影視知名創作者回覆：你可以去研究黃子華的棟篤笑。

　　我花了兩個星期時間，看完了黃子華的所有作品，彙整出一部喜劇的創作方法。三天後，我把精心準備的劇本交給影視公司。

　　那位CEO看了劇本，覺得挺有意思，決定和我簽約。

　　兩個月後，我向各大綜藝平台遞出履歷。不到三天，浙江衛視某大型綜藝節目組就聯絡我，請我參加編導職位的面試。

第三步是彙整關鍵洞察。

　　拿到面試機會的當晚，我看了他們最近三個月所有的劇集，然後到社群媒體上研究觀眾的評論，我還請教影視圈的朋友，問他們如何看待這個節目。

　　之後，我從節目定位、目標客群、利益點、人設等角度，做出一份客製化研究報告，並提出一些建議。

　　我還結合了幾個我很喜歡的網路綜藝節目，分析綜藝的特點，並提出幾個獨創性觀點。

　　最後，我把這些報告分類列印，每樣4份，分別裝訂，方便現場提供給不同的面試官看。

　　於是就有了文章開頭這一幕。

　　這位節目的負責人看完方案，發現我提到了幾個他自己都沒想到的問題。那天，我們聊了三個小時，從國內綜藝現狀，到人設，到商業置入，彼此都很愉快。在面試結束時，他問我：「這週五能來上班嗎？希望你的加入能給這個節目帶來新的氣息。」

　　雖然最後，我出於個人原因沒有加入，但和負責人的交流卻讓我堅定了決心：要真正創作出一些好的內容。

■ 3.繪製能力圖譜，進一步展現關鍵能力

為了面試官能更清楚瞭解求職者的能力，求職者除了客製分析案例外，還可以從三個面向繪製自己的能力圖譜：硬實力、軟實力和加分項。我將以某產品營運的職位需求（見下圖）進行說明。

職位詳情

| 銷售營運 | 活動營運 | 用戶營運 | 線上營運 |

| 行銷企劃 | 整合行銷 |

職位要求：（績效考核佳者可達16薪）

- 圍繞線上行銷、用戶活躍、用戶留存等目標設計新的用戶產品鏈及營運工具；
- 主動管理負責的線上產品，主動為業務線的KPI負責，與產品、研發團隊緊密合作，推進業務、推動產品履約落實；
- 線上行銷能力優化，能從目標用戶的心理訴求出發，企劃創新出多形態的營運活動，找到業務增長點。

任職要求：

- 有3年以上網路營運工作經驗；
- 熟悉用戶、線上營運的要點，對用戶數據敏感，善於抓住用戶需求；具備整合行銷企劃能力和營運數據分析能力；
- 善於統籌多部門協同配合，不斷提升營運效率；
- 熟悉2B營運者為佳。

某產品營運職位需求

（1）硬實力。硬實力指的是**職位所必備的能力**。其主要包括解決問題的能力、業務思維、必備技能等。比如該產品營運職位中，銷售營運、活動營運、用戶營運等屬於解決問題的能力；而熟悉用戶、線上營運的要點，就是業務思維；設計產品鏈和營運工具的能力就是必備技能。

（2）軟實力。軟實力指**求職者的動機、態度、特質**等。如該產品營運職位中，主動就屬於態度，而對數據敏感、善於統籌多部門協同配合等就屬於特質。

（3）加分項。加分項指能**幫助求職者更勝任職位的能力**。如該產品營運職位中，熟悉2B營運就屬於加分項。

在整理上述能力後，我們就得到如下圖所示的能力圖譜：

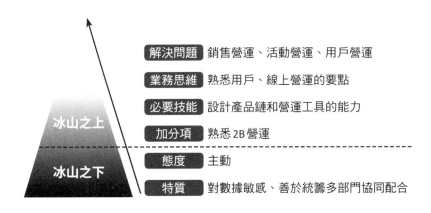

某產品經理職位的能力圖譜

接下來，我們會透過以下步驟來準備履歷與面試：補全硬實力、強調軟實力、爭取加分項。

（1）補全硬實力。對於職位需要的硬實力，求職者需要在**履歷和面試中全面展現**。比如，有的求職者會認為既然自己有銷售營運能力、活動營運能力、用戶營運能力，就不需要強調自己有整合行銷的能力，但因整合行銷還涉及對各通路比重的分配等，所以也需要補充進來。

（2）強調軟實力。對於「主動」、「對數據敏感」等軟實力，求職者也**應儘可能在履歷和面試中強調**，比如「在專案緊急時，主動協調各部門參與會議」、「三年內數據統計無差錯」等。軟實力決定了求職者的穩定性和可靠程度等，並非可有可無。

（3）爭取加分項。在保證硬實力和軟實力的前提下，求職者還需要**爭取提及自己的加分項**。比如求職者在實習時有聯絡 B2B 客戶的經歷，雖不是正式工作經驗，也應在履歷中提及。值得注意的是，求職者不需要刻意涵蓋所有的加分項，比如面試程式設計師，職位需求的加分項包括五種軟體的使用，但求職者只熟悉兩種，應按實際情況填寫。

下一節，我們將進入案例面試法的最後一個部分的學習：驚喜案例。

1. 小王在面試營運職位時，指出了大量目標公司目前營運的錯誤之處。
   這樣做是不是妥當？請結合本節內容進行思考。

2. 請使用「補全硬實力、強調軟實力、爭取加分項」的
   方法來完善你的履歷。

掃 QRcode 看短影片

4.2.5 驚喜案例：打開新局面

在前面的內容中，我們介紹了如何透過創意案例、應變案例、實戰案例和分析案例，證明自己有勝任職位的能力。但在實際工作中，我們難免要面臨一些前所未有的挑戰，比如打開新局面、創造新方向，這時，我們如何脫穎而出呢？

1. 哪些局面需要創造驚喜

作為求職者，不可能時時刻刻創造驚喜，但在以下局面中，驚喜會成為制勝的關鍵：

（1）產品進入新市場。當一個產品進入新市場時，常規的營運可能並不奏效，因為消費者需要新的內容創造記憶點。這時，求職者就需要展現自己獨到的見解，為面試官創造驚喜，從而獲得工作機會。

（2）公司進入新階段。在一個公司進入新階段時，往往會選擇招募一些與以往截然不同的人才，成為達成新目標的助力。比如公司過往的核心目標是累積粉絲，但新目標是促進轉化，求職者如若參考以往的方法就不太適用，需要透過全新的方法創造驚喜。

（3）求職者進入新角色。當求職者進入新角色，而其競爭者都是有多年產業經驗的人時，就需要給面試官錄取自己的理由，這時，創造驚喜就會有突破性的效果。

■ 2.客製驚喜案例，給出超乎期望的回答

（1）打造獨特記憶點。打造獨特記憶點的祕訣是「聚焦變化」，比如目標公司最近推出新產品、使用新策略等，因為原有的方法不太可能做出太大的創新；接著，求職者根據這些變化，使用儘可能容易記憶的方式，創造一個新案例。衡量的標準是：這個創意可概括成一句在5秒內就能夠被理解的話，比如「用繞口令挑戰的形式，吸引顧客到店。」

（2）創造獨特關聯。求職者要創造案例與面試官之間的獨特關聯，比如透過繞口令凸顯新品的元素、公司的特點等，做到這個案例無法給其他公司使用，展現求職者的誠意。

（3）反覆強化。求職者將案例的記憶點反覆強化。

以下，我們來看一個例子。

客製驚喜案例，讓我有幸體驗了一次主播的角色

一家知名港式連鎖飲品品牌找到我們公司，希望我們作為供應商之一參加比稿，提供全年度抖音行銷解決方案。

這是一場特殊的「面試」。對方是茶飲界頗有地位的老字號品牌，如果能獲得這個案子，一定會為公司與字節跳動建立長期合作，打開本地生活市場有很大幫助。

問題是，作為提案主要負責人的我，之前並沒有抖音企劃和直播的經驗，而這個案子最重要的就是提供活動企劃和直播的服務。怎麼讓他們相信我們有這個能力呢？

第一步是打造獨特記憶點。

我參考很多抖音活動案例，裡面的創意讓人眼花繚亂，比如：創作歌曲、話題挑戰賽、造梗等，但我很少留下深刻的印象。就好像這些創意給這個品牌或那個品牌，都沒什麼不同。如何打造一個專屬於品牌的創意呢？

做過大量功課後，我把目光鎖定在該品牌最近推出的一款新品：桃氣瓜瓜檸檬茶。這款茶飲很適合在夏日推廣，產品名也頗有特色，如果配合出色的創意，一定能火。

刷了半小時抖音找靈感，一則短影片吸引我的注意。畫面上，一個雪人在唱歌：「你愛我，我愛你，蜜雪冰城甜蜜蜜……」

那是我第一次看到那段短影片，一道火花在我腦海中閃過：也許簡單的創意，反而更有效？

於是我寫下一段順口溜，為品牌創造獨特的記憶點：「手捧瓜瓜頂呱呱，手捧瓜瓜笑哈哈。桃頂呱呱，瓜頂呱呱，檸檬配茶頂呱呱。」

第二步是創造獨特關聯。

繞口令寫完了，誰來念呢？之後的幾天，我請公司的同事找了很多達人，有美食領域的達人「小姐姐」、「大胃王」，還有幾個「小帥哥」，但始終覺得缺乏記憶度。後來，一個帳號映入我們眼簾——朱厘米：上海爺叔，國家一級面點師，熱愛分享上海美食。

這不正是我們要找的人？他夠「經典」：代表著傳統美食的匠心和傳承；也夠「新」：抖音網紅，廣受年輕人追捧，連 b 站的美食大號盜月社食遇記、綿羊料理也是他的粉絲。不正和這家經典的港式茶飲品牌有異曲同工之妙？

第三步是反覆強化。

幾天後，我們把精心準備的提案傳給了客戶，沒多久，對方聯絡人傳來消息：「我們總監對你的創意很感興趣，想問問你有沒有時間，來兩天後的品牌直播活動擔任主播？」我誠惶誠恐：難道又給我安排了一場「面試」？職位還是抖音主播？

直播當天，我來到字節跳動大廈，裡面有間辦公室被專門改造成直播間。在這裡，所有人都井井有條地忙碌著，沒有一個人看我。我突然緊張起來：我真的能做到嗎？

簡單核對產品賣點後，馬上開播。3-2-1 倒數後，燈光直愣愣地打在我臉上，突然有人對我說：「下去！下去！」我嚇了一跳，抬頭看見導演指著我的胸口：原來是我太過緊張，忘了摘下門禁卡了。

準備半小時的逐字稿，10 分鐘就講完了。沒想到一場直播（見右圖）的時間居然這麼長。眼看著線上觀看人數一點點上漲，我頭腦一片空白：

「下一句該說什麼？要不要讓他們加入粉絲團？是不是開始抽獎了？」突然，我腦中閃過一個奇妙的想法：「既然順口溜是我的優勢，不如把這個優勢發揮到底！」

這時正好進入抽獎，我突發奇想說道：「現在，我來念一段順口溜，停下的時候，我們就開始倒數好嗎？同意的觀眾回個1。」

直播現場圖片

沒想到，觀眾很喜歡這個創意，評論區瞬間成了「1」的海洋。那場直播，我一共念了10段順口溜，獲得熱烈的回響。直播結束後，他們總監特別跑來對我說：「要不你來擔任我們品牌的特別主播啊？我感覺你很有觀眾緣。」

最終，我們公司獲得與那家品牌的年度合作，朱厘米也親自念了我寫的順口溜。現在去他的抖音主頁，還能看到那段有趣的短影片。

■ 3.三個錦囊助你打造驚喜

（1）思維更高一層。所謂思維更高一層，就是**從公司的角度出發，思考公司和用戶的需求**。比如面試產品經理的職位，公司要求求職者設計一個小程式。對於一般的求職者，可能只會思考如何讓一個活動精采，但如果站在公司的角度，每個活動都是全年計畫的一部分，如果求職者能考慮到這個活動與其他活動的關係，就能創造驚喜。

（2）從合作出發。此外，求職者還需要從合作關係出發思考問題。比如文案需要考慮設計師的感受、編劇需要考慮導演的感受等。比如，在面試編劇職位時，求職者可以預先考慮哪些情境是容易拍攝的，如何讓文字有畫面感等，也可以創造驚喜。

（3）聚焦獲利本質。還有一個創造驚喜的祕訣是，找到公司或專案獲利的關鍵。比如作為公司的設計師，發現續繳是公司獲利的關鍵，就可以創造系列設計促進續繳，或者客製設計續繳包，更能幫助公司獲利。

以上，就是案例面試法的全部內容。透過案例面試法，求職者可以彌補經歷上的缺失，更能展現自己的能力。在下一章中，我將分享如何透過資源面試法，獲得更多面試錄取的籌碼。

1 求職者在哪些局面需要創造驚喜？請結合本節內容進行思考。

2 請結合三個錦囊和你最近要面試的職位，思考如何讓驚喜更進一步。

HIGHLIGHT
面試法

第 5 章

獲得關鍵資源，
提升競爭力

在這一章中，我們將會介紹資源面試法，即如何透過累積資源提升競爭力，獲得更多機會。

5.1 什麼是資源面試法？

在很多公司的應徵簡介中，我們會看到這樣一句話：以有相關資源者為佳。此時，求職者往往產生退縮情緒：「我沒有相關資源怎麼辦？是不是不會被錄取啊？」要解答這個問題，首先我們需要瞭解資源是什麼，以及它對求職者有何幫助。

5.1.1 資源是獲得信賴的管道

有很多人認為，資源就是客戶，因為在具有銷售性質的職位中總是可以看到這個要求。但如果我們詳細研究資源的定義，特別是社會資源，會發現它是為了應對需要，滿足需求，所有能提供且足以轉化為具體服務內涵的客體。這意味著，資源並不單指客戶本身，而能源源不斷為公司創造財富的才是真正的資源。

網路時代，我們發現越來越多的職場人開始設計自己的社群網頁，包括但不僅限於：人力資源師、律師、醫生、心理諮詢師等。比如律師會分享他遇到的案例，向潛在客群展現專業度；醫生會分享日常工作的情境，展現他豐富的診斷經驗。為什麼呢？

　　因為**他們的社群網頁就是他們的資源，可以幫他們獲得更多的信賴**。那為什麼公司會看重求職者的資源？這主要有以下四個原因：

■ 1.資源能帶來聲望

　　比如消費者在選擇律師時，會更看重他的聲望。但律師這個產業具有高度私密性，消費者如何判斷律師的聲望呢？一個方法是：看他在社群網頁上呈現出的形象是否專業。因此，公司也傾向於錄取有一定影響力的律師，為公司帶來聲望。

■ 2.資源能帶來信任

　　如果公司想接手一個新案，如何快速說服客戶？一個方法是：帶一個在該領域已有豐富資源的人去談，比如這個人是新媒體平台的名人，那客戶也會更相信他能做好新媒體專案。

■ 3.資源能打開局面

　　當一個新案投入市場，如何在節省預算的情況下，快速測試效果？靠資源。比如求職者將豐富的社群資源轉發到相關社群中進行測試，觀察消費者的意願。

■ 4.資源能傳播口碑

一個專案成功後，執行人透過社群網頁分享案例，可以吸引更多專案合作。好的口碑，是透過真實的社交關係傳遞的。

那麼，資源如何幫助求職者獲得面試的成功呢？

5.1.2 好的資源，是決勝的籌碼

資源主要解決的問題是：**幫助求職者在背景類似的情況下，儘可能地展現自己的潛力。**

比如有些求職者會在履歷上附上自己的社群網頁連結、新聞稿、出版書籍等，又比如在與求職者初步溝通後，HR往往會加入求職者的微信，看他的朋友圈，形成初步印象。那資源對求職者的實際作用有哪些呢？

■ 1.資源能展現思想

比如在面試市場行銷人員時，面試官通常會問的問題是：「你對市場熱點敏感嗎？」如果求職者會在社群網頁上探討熱點，並獲得不錯的互動，就能直接展現自己的敏銳度。

■ 2.資源能展現熱情

某些求職者的能力固然不錯，但不能證明他在某產業有堅持的決

心。此時，HR 就會從累積的資源判斷求職者是否有足夠的熱情。比如他已經出版過該產業的書籍，或者持續輸出該產業內容，就更有說服力。

■ 3. 資源能展現能力

如果求職者在某領域可以持續吸引到客戶或關注者，那面試官也更有理由相信，他具備相關能力。比如應徵視頻號營運，那求職者自己視頻號的穩定增粉就能說明他的能力。

面試不是打撲克，而是玩 UNO 桌遊，你可以不斷累積新的牌（指資源），並運用這些新牌打出出奇制勝的效果。那麼，求職者透過哪些資源，可以獲得更多成功？

5.1.3 哪四種資源，可以獲得更多成功？

■ 1. 個性名片

個性名片是指能**展現求職者特質的窗口**，包括但不僅限於個人網站、朋友圈、公眾號、視頻號等。打造個性名片的作用是展現差異，即求職者在某細分領域有哪些過人之處。求職者可以透過建立差異定位、提供獨創觀點、打通關鍵資源來打造個性名片。

■ 2.社群陣地

社群陣地是指**求職者持續輸出內容和方法的管道**，包括但不僅限於論壇、媒體、平台等。建立社群陣地的作用是獲得嘗試機會，讓關鍵決策人看到自己的成果。其步驟包括穩定內容輸出、差異競爭思維、專業自我包裝。

■ 3.專業背書

專業背書是指**能展現求職者影響力的成果或榮譽**，包括但不僅限於受知名媒體採訪、出版書籍、獲權威人士推薦等。升級專業背書的作用是營造信任基礎。求職者可以透過找到普適話題、挖掘個人差異、聚焦共鳴情境獲得專業背書。

■ 4.個人IP

個人IP是**指以個人價值觀或特質為核心，創造出的一系列產品或方法論**，包括但不僅限於課程、付費頻道、訓練營等。強化個人IP的作用是獲得驚喜機會，步驟包括挖掘優勢領域、獲取通用方法、進行情境延伸。

下一小節，我會就這四種資源進行詳細解釋，告訴你如何透過它們提升自己的競爭力。

1　小王去應徵 HR 的職位，當面試官問他有何資源時，小王回答：「我認
　　識 30 名有目標職位經驗的人士。」請問小王的回答有何不妥？請結合
　　「資源是獲得信賴的管道」進行思考。

2　小李對導演產業很有興趣，但由於他是應屆生，面試官擔心他只是一
　　時興起，請問小李如何證明自己的熱情？請結合「資源面試法」進行
　　思考。

5.2 四種資源，幫你獲得面試官青睞

　　上面，我們已經瞭解到有四種資源可以幫助求職者提升競爭力。它
們分別是個性名片、社群陣地、專業背書和個人 IP。以下，就讓我們
一一學習吧！

5.2.1 打造個性名片：製造鮮明差異

　　現在，越來越多的求職者會在履歷上附上自己的個性化名片，比如 b
站帳號、公眾號、小紅書等，有許多帳號的粉絲甚至達到百萬級，但有趣
的是，高級別粉絲的帳號未必會提高求職者錄取的可能性，為什麼呢？

■ 1.個性名片，是展現差異能力的窗口

很有可能的一個原因是，這些個性化名片沒有展現出求職者的差異能力。

（1）沒有建立差異定位。對帳號有精準的定位，是展現求職者能力的關鍵。部分求職者提供的個人帳號內容混雜，個人定位不清，比如今天是心理學內容，明天是日記，後天是情感文章，這會讓面試官無法掌握重點。另一些求職者雖然有定位，但定位過於籠統，比如熱點資訊、社會新聞等，這樣儘管會吸引很多粉絲，卻不能展現自己在工作中的優勢。

（2）沒有提供獨創觀點。有些求職者的個人帳號主要是「搬運」其他人的觀點，包括對網路素材的彙編與整合。這樣的帳號即使擁有大量粉絲，也只是證明有良好的資訊採集能力，但很多產業還需要求職者進行創造性工作，而沒有獨創觀點的帳號，價值也有限。

（3）沒有打通關鍵資源。有些帳號的內容很優秀，但沒有被合適的人看到。比如求職者在心理學上很有建樹，但其內容並沒有被心理學機構看見，因此沒有獲得合適的機會。

■ 2.如何打造出有效的個性名片

這裡建議求職者透過三個步驟打造自己的個性名片。

（1）建立差異定位。差異定位來自與眾不同的經歷。比如，某位求職者之前是某明星粉絲會會長，對明星的人設定位頗有研究，就可以開始人設打造相關的帳號；又比如，某位求職者對中國文化頗有研究，同時又具備心理學基礎，就可以開設中國文化背景下的心理學帳號，塑造差異。

（2）提供獨創觀點。獨創觀點來源於對產業的觀察，特別是產業問題與消費者問題。比如，某位美妝博主發現，很多消費者並非不會化妝，而是不懂「有效化妝」，就可以提供關於有效化妝的內容。

（3）打通關鍵資源。關鍵資源是指能幫助求職者獲得機會的資源。比如，某位求職者對應徵領域很有研究，就可以和各大專院校合作，從切實解決應屆生工作問題出發，提供內容，獲得更多機會。

讓我們來看以下這個案例。

打造個性名片，為我帶來十萬粉絲

畢業第一年，我決心成為一名文案工作者。當時，我的幾段實習經歷都與財務有關，投過無數履歷都石沉大海。有人建議我可以到報社投稿，或者接些兼職文案的工作累積經驗，但我注意到，身邊越來越多的年輕人開始投入自媒體。

「如果我也有十萬粉絲，還愁找不到工作？」當時我想。

沒想到，這句話在六個月後就成達成。

那時我有個知乎帳號，就嘗試在上面答題，不管什麼題都答：戀愛、心理學、人際關係，甚至怎麼寫童話。堅持寫了兩個月，有一些收穫：20個粉絲。

我開始觀察一些知乎名人，看他們怎麼寫。我發現他們都有一些共同特質，比如定位差異化、觀點獨創化、擁有相關資源等。

於是我決定透過以下步驟打造我的個性名片：建立差異定位、提供獨創觀點、打通關鍵資源。

第一步是建立差異定位。

我問自己：我有哪些經歷是別人沒有的？在我頻頻面試，卻總是失敗時發現，我之所以被拒，是因為某些自身難以注意到的原因。比如有一次，面試官就忍不住跟我說：「其實你可以買一面大一點的鏡子，這樣就能看清楚哪裡的粉底沒塗勻。」

再比如，在學校上學期間，我常常公開演講，這讓我覺得播音腔是一種優勢。但在面試時，播音腔就會讓面試官露出尷尬的神情。

這些失敗的經歷，恰恰是我不同於他人的地方。如果我把帳號定位

成「有趣的職場經驗」，說不定會有不少人關注。

堅持寫了幾天，粉絲數開始穩定增長。甚至有人私訊我，請我幫他做面試輔導。

第二步是提供獨創觀點。

我注意到一個有意思的現象：大部分求職者面試失敗，不是因為不夠優秀，而是他們總是忍不住提到很多與職位無關的優勢。比如在面試財務實習生時，他們會說「我是學生會主席，曾辦過35場羽毛球大賽」；再比如，在面試人力專員時，他們會說「我是學校售書大賽連續5屆銷售冠軍」。

就好像病人說自己的手斷了，醫生回答：「我是全口腔科最好的醫生，憑藉自己豐富的經驗治好很多潰瘍，要不你的手也讓我試一下？」這顯然是很荒謬的。

於是，我把這些思考寫成回答，發表在知乎上，希望對職場新鮮人有所幫助。

這些獨特的觀點，為我贏得很多粉絲。

第三步是打通核心資源。

我注意到一些知乎名人會把聯繫方式留在回答底部。我就主動聯繫他們，讓他們把我拉進粉絲群。我會不時分享一些回答在群裡，沒多久，一位知乎名人找到我，說對我的文章很感興趣，願意免費幫我寫一篇文章推廣。

那一天，我透過知乎主頁這張個性化名片，完成粉絲日增2000的「小目標」。

有了初始流量加成，我的粉絲增長速度就快多了，不到六個月，我各大媒體平台的粉絲就突破十萬。

後來，透過我的知乎帳號，獲得人生第一份新媒體文案的工作。

未來，履歷可能會有更多的形式，比如一部用手機完成的獨立電影，一個用開放平台設計的小程式，甚至元宇宙裡一個原創的NFT（非同質化通證，是一種可在區塊鏈上記錄和處理多維、複雜屬性的數據對象，英文名稱為Non-Fungible Token）。作品往往比文字更有說服力。感謝技術的發展，讓我們可以盡情地展現自己的能力。

3.如何優化個性名片

這裡建議透過個人品牌模型優化個性名片。下圖是我根據360°品牌資產模型延伸打造的個人品牌模型。它主要包括六個部分：形象、視覺辨識度、目標受眾、產品、信譽和推廣通路（見下圖）。

360°個人品牌模型

（1）形象。形象包括帳號頭像、名稱、帳號定位、核心理念等。打造形象的關鍵在於**創造鮮明的差異**，並符合受眾需求。比如，若帳號名為「心理雜談」，則無法凸顯鮮明差異，若為「聽見她們‧專業女性心理」，則可以展現出鮮明差異；若帳號名「×哥隨筆」，則無法符合受眾需求，若為「×哥金融觀察」，則符合受眾需求。

（2）視覺辨識度。除了精心設計符合品牌理念的頭像外，求職者在產出內容時，也要遵從基本的視覺原則，比如每篇文章選用相同的主色、輔色、亮色，字型大小須統一等。面試官不一定會詳細閱讀每篇的內容，但整體風格決定了第一印象。

（3）目標受眾。目標受眾可以在帳號簡介中得以展現，**主要展現對於目標受眾的價值**。如以介紹鍋具為例，若帳號為「為你推薦全球好鍋」，則可能不符合消費者的需求，可改為「教你用對鍋做好菜」，因為做好菜才是消費者買鍋的目的。

（4）產品。這裡的產品是指帳號提供的價值和服務等。其關鍵在於**能與受眾產生連結**。比如提供市場資訊的帳號，其目的是為受眾提供決策依據，那麼對資訊的解讀就會提升帳號的價值感。

（5）信譽。信譽是指對受眾的承諾。比如，某抖音帳號會在個人簡介中寫「7天無理由退換」，或者「每天21：00直播」。好的信譽能展現出求職者對待工作的態度。

（6）推廣通路。帳號的風格和內容要**符合它的推廣通路**。比如，求職

者的內容主要以文字為主，但推廣通路在 b 站，就應該將文字轉化成可以理解的畫面，符合受眾的觀看習慣。

下一小節，我將跟大家分享如何透過建立社群陣地，爭取嘗試機會。

思考題

1. 小陳打算應徵寵物短影片剪輯師的職位，為此，她決定打造一個個人帳號，叫作「陳姐漫談」，這個定位合理嗎？請結合「展現差異能力」進行思考。

2. 小何想要做一個講傢俱的帳號，定位是「為 10 萬人講好傢俱」，你能幫小何優化一下這個定位嗎？請結合個人品牌模型中的「目標受眾」進行思考。

5.2.2 建立社群陣地，爭取嘗試機會

除了傳統的投遞履歷之外，現在也有部分求職者透過社群媒體尋找機遇，比如領英、脈脈、知乎，甚至小紅書。因為在社群媒體上，求職者可以直接展現自己的思想、能力、影響力等。但有時候，社群陣地反而讓求職者失去機會，比如下圖中我與某求職者的對話。

請問你為什麼選擇這張配圖？

我

沒什麼，因為好看啊。

求職者

 你覺得這篇文章成功的原因是什麼？

我

寫得比較好吧，不太清楚。

求職者

我與某求職者的對話

上述對話會讓面試官認為求職者對帳號缺乏規劃，從而延伸出其對工作也缺乏規劃。那如何建立社群陣地，才能為求職者加分呢？

■ 1.社群陣地常見誤區：缺乏系統方法

求職者在社群陣地上常見的誤區，是在於沒有經營社群陣地的系統方法。其包括以下三個方面。

（1）沒有穩定的內容輸出。穩定的內容輸出包括穩定的風格、主題與更新頻率。有些帳號的規劃很散亂，今天是小清新風，明天是文藝風，後天是犀利風，這容易讓面試官懷疑求職者沒有特別擅長的風格，

也沒有對觀眾偏好進行彙整。

（2）沒有差異的競爭思維。比如做美妝類的帳號很多，即使求職者模仿某位名人，前期累積出大量粉絲，依舊可能得不到面試官的青睞，原因是同質化的內容容易產生審美疲勞，在競爭後期會逐漸失去優勢。

（3）沒有專業的自我包裝。很多時候，並不是帳號的內容不好，而是創作者缺乏對帳號本身的包裝。比如簡介部分，部分求職者就寫得很隨意：「不定期輸出一些感悟類內容」，這就會讓面試官認為求職者對帳號缺乏詳細的規劃。

那麼求職者如何提升自己社群陣地的專業度呢？

■ 2.建立系統化社群陣地的三個要點

（1）穩定的內容輸出。社群陣地更新的頻率不必很高，但至少要有**10篇風格固定的內容**，此外還要**對整體的邏輯有完整的思考**。比如，某帳號的定位是職場指南，但篇與篇的內容間可能存在衝突：某篇文章建議要維持輕鬆的職場心態，但另一篇卻建議職場中要時刻保持警惕，在此情況下，作者應當區分出不同的情況，保證邏輯無誤。

（2）差異的競爭思維。差異競爭的思維是指**選擇能展現自己優勢的細分領域**，從而避免審美疲勞。比如，同樣是美妝領域的帳號，某位求職者選擇從美術背景的角度分析流行妝容，這可能會引起面試官的興趣，因為這意味著求職者有獨立思考的能力，也更有可能為公司產出獨創性

的內容。

（3）專業的自我包裝。帳號應當**給出清晰的定位，告訴受眾該期待什麼**。比如「服務於女性的心理成長平台」，或是「面試技術流」。另外，每篇文章**開頭的關注引導和尾部的作者簡介**，也是很好的個人展示空間。相對於傳統的文字形式，現在很多創作者偏愛使用動圖和可交互圖片的形式抓住受眾的眼球。比如某心理學公眾號就使用一隻蝴蝶破繭的動圖作為頂圖，象徵著每位來訪者都能破繭重生。好的宣傳圖片能為面試官留下深刻的印象。

接下來，請大家來看一個案例。

 建立社群陣地，幫我獲得喜劇編劇的工作

在前面我曾提到過，靠自己的公眾號，獲得過一份喜劇編劇的工作。這聽起來不可思議，那我是怎麼做到的呢？主要憑藉的是三個要點：穩定的內容輸出、差異的競爭思維、專業的自我包裝。

第一是穩定的內容輸出。

我的公眾號是以輕科幻小說為主題的。當時人工智慧的概念大熱，市場相繼推出多部人工智慧相關題材的電視劇，在此背景下，我以人工智慧與生活相結合的主題，推出20多篇相關的小說，每篇小說以詼諧

的語言切入，展現普通人生活中的煩惱，如容貌焦慮、愛情中的不確定性、升職壓力等，並形成自己的風格。

第二是差異的競爭思維。

我並沒有像大多數創作者一樣寫人工智慧保姆入駐普通家庭的橋段，而是專注於科技與社群之間的關係。比如一篇故事中，我以三代人不同的愛情觀為切入點，描寫新潮的李詹妮和她的弟弟在網路上迷戀與機器人談戀愛。他們追求短暫的新鮮感，卻在閱讀1990年出生的奶奶的 qq 空間時，感慨於過去愛情的純粹和美好。那時的人們在《迷迭香》的曲調中眼波相送，透過轉發《青春修煉手冊》的方式含蓄示愛。「從前車馬都慢，一生只愛一個人」是奶奶 qq 空間的簽名，也喚起他們對真實愛情的嚮往。

第三是專業的自我包裝。

除了精心設計的頭像與簡介外，我還特別設立自動歡迎語，告訴「看客」這個公眾號的主題和風格，以及如何快速找到想要的內容。比如喜歡超現實主義科幻，可以回覆01。

我將這篇小說轉發到多個影視群之後，有個影視公司的CEO找到我，希望我成為他公司某人工智慧科幻系列喜劇的編劇。他說，因為看了我多篇風格鮮明且一致性的科幻小說，因此他相信我有扎實的創作功底。就這樣，我透過差異化且高品質的內容，獲得簽約的機會。

■ 3.面試時如何展現自己的社群陣地

　　除了建立專業的社群陣地外，面試時展現社群陣地的方式也十分重要，有時可能對面試結果有決定性的影響。這裡，推薦三個展現社群陣地的技巧：高度概括、闡述貢獻、找出範例。

　　（1）高度概括。求職者需要**透過簡單易懂的語言，概括帳號的特點**。需要注意的是，概括時不應太過籠統，應當**提及主題、目標受眾和成果**。比如下圖中兩位求職者面試剪輯師職位時的情況。

錯誤示範

這是我的公眾號，裡面會定期發表一些剪輯有關的文章，您可以看一下。

求職者 A

正確示範

這是我的公眾號，主題是 3 分鐘學會一個剪輯技巧，主要針對的是想要成為剪輯師的新鮮人，已經營三個月，目前有 1500 個粉絲。另外，根據讀者回饋，我將主題的比例確定為熱點剪輯 30%，常規剪輯 60%，特效剪輯 10%。

求職者 B

兩位求職者的回答對比

　　從上圖我們可以看出，對帳號的清晰描述，可以幫助面試官判斷求職者對帳號有無規劃、營運水準如何，還能快速理解帳號內容。

（2）闡述貢獻。展現帳號另一個常見的誤區是：只闡述帳號的成果，未描述自己在其中貢獻的程度。比如，有位求職者曾向我展示一個百萬的帳號，當我問他在其中扮演什麼角色時，他回答：「我一個人負責了所有工作。」

但我注意到，這個帳號在拍攝時會有其他人員出鏡，比如攝影師、化妝師等，後來他坦言，自己只負責前期編劇的工作，並未參與拍攝與剪輯。

求職者需要**儘可能清楚闡述自己的貢獻**，對於自己未參與的部分，應談及參與到何種程度，如「我雖然沒有參與拍攝工作，但在拍攝時有時也會提供一些建議，比如人物的表現、打光等，被採納的比例較高。」

（3）找出範例。求職者還應**準備好能代表自己水準的範例作品給面試官**。比如，我在應徵一位美食頻道的剪輯師時，要求其展示和美食相關的作品，他在帳號中找了將近十分鐘，最後遺憾地告訴我未找到。這樣的行為，可能會讓面試官認為求職者誠意不足，未做足準備。

下一小節，我會介紹如何透過升級產業背書的方式，提升面試官的信任基礎。

1. 為了準備面試，小王開了一個社群平台帳號，並發表一篇內容。如何提升小王通過面試的機率？請結合「穩定內容輸出」進行思考。
2. 分析你自己的社群陣地，或者你喜歡的某個帳號，闡述其主題、目標受眾和成果。

掃 QRcode 看短影片

5.2.3 升級專業背書：營造信任基礎

　　參加過集體面試的朋友知道，在面試前，企業往往要求每個成員做一個自我介紹，有人會說「我來自世界 500 大企業」，有人會說「我曾服務世界 500 強企業」，有人會說「我畢業於某知名大學」，這三者分別是企業背書、專案背書、教育背書。但有些求職者往往沒有相關背書，因此面試時壓力頗大。別擔心，求職者還可以升級自己的專業背書，獲得面試官的信任。

　　求職者為自己升級的專業背書包括權威認可（比如受過知名媒體訪問）、成果背書（比如出版過類似書籍）、粉絲背書（比如在專業平台有多少粉絲）等。但有人會說：升級這些背書絕非易事，普通人是無法做到的。凡事無捷徑，但只要你有想法肯努力，相信會有不一樣的收穫。

■ 1.升級背書需要完成的三個目標

當我們瀏覽社群網站的時候，會發現很多作者年紀輕輕，簡介中卻有不少相關背書，比如是某知名網站簽約作者、某書籍作者。據我觀察，大部分作者是聚焦一個擅長的細分領域，然後把這個領域的優勢放大，最終獲得令人羨慕的機遇。

在強化個人優勢時，需要達到以下目標：

（1）提高曝光量。很多人聚焦細分領域多年，但始終沒有獲得很多「粉絲」的關注，原因是曝光的基數太低，如果查詢一下自己的關注列表，就會發現，有很多喜歡的帳號實際上是在瀏覽熱點話題時關注的。比如某位心理學博主用心理學現象解釋某熱點；某職場博主透過點評某知名職場節目來獲得「粉絲」的關注。所以提高曝光量是獲得專業背書的前提條件之一。

（2）聚焦特點。比如，某剪輯新手想經營一個剪輯帳號，打算模仿他人拍攝分析電影的短影片，但由於自己的閱片量不夠，製作的內容很難獲得關注。更好的做法應該是找到自己的特點所在，比如可以推薦剪輯新鮮人必看的100部電影來吸引合適的受眾。

（3）獲得共鳴。專業的知識可能對受眾很有價值，但情緒價值的作用也不容忽視。一則能引發他人共鳴的內容，比純理性的知識更能獲得點讚，從而引發更多的曝光。比如文章名為「為什麼職場中的老員工很多都不願帶新員工」，可能比「如何提升職場溝通力」更能獲得共鳴，因為這一現象可能是讀者正在經歷的。

那針對這些目標，有哪些解決方案呢？

■ 2.如何達成升級背書的三個目標

（1）找到普適話題。求職者需要積極關注**有普適性社會價值的話題，並在這些話題下，持續發表觀點**。什麼是普適性社會價值？簡單來說，就是「夠典型、有意義、不可迴避」。

①夠典型：現實生活中普遍存在的某個或某類問題，代表某個族群的基本利益。

②有意義：解決這個問題，可以讓這個族群重塑生活信心，或改善現有的生活方式。

③不可迴避：這個問題在這個族群的生活中會反覆出現，且無法透過簡單的方法解決。

（2）挖掘個人差異。**要找到與其他人「不一樣」的點**。比如求職者曾成功從公務員轉職當律師，這段經歷就很有價值，因為沒有相關背景，轉職通常是極其困難的。當他們閱讀這段經歷，可能會獲得一些之前沒有的好想法。

（3）聚焦共鳴情境。此外，求職者需要**聚焦幾個能激發受眾共鳴的情境**，把情感效應放大。求職者可以在日常記錄下令自己感觸深刻的情境，也許某天會成為踏入某個關鍵領域的「鑰匙」。

以下，請看一個案例。

 我在知乎上發了篇文章，獲得「新世相」的採訪

有一回，我在知乎上發一篇文章。兩週後，有個人找到我，說自己是「新世相」的編輯，正在寫一篇關於「斜槓青年」的文章，希望採訪我，請我談談對做副業的看法。

我那篇文章回答的問題是「你聽過或見過哪些有趣的工作」，裡面我這樣寫道：「作為一個幫人解決問題的人，最有趣的地方就是：每一天都是新的，不知道會遇到什麼挑戰。」

她覺得這段經歷很有意思，而且很有社會價值，因為透過副業成就人生夢想，正在成為越來越多年輕人的渴望。那麼，我是如何獲得被知名媒體採訪的機會？

第一，找到普適話題。

作為一名職場博主，我經常在社會熱點話題下發表看法。比如「35歲失業焦慮」的話題就具有普適性社會價值。因為網路時代的巨變，為很多傳統產業和舊模式帶來衝擊，原有的經驗和技能不再適用，迫使很多人做出改變。

再比如，「『00後』員工不聽主管的話就離職」的話題也很有代表性。因為很多公司負責人會發現，「00後」常常理直氣壯地拒絕加班，如果他們不同意你的看法，可能會直接頂撞。這背後的深層原因是：新一代是在網路的中成長的，接觸的資訊都很透明化，這就意味著他們不容易受到傳統觀念的束縛。

第二，挖掘個人差異。

比如我在文章中寫道：「我的副業就是『為人解決問題』。解決什麼問題呢？比如你的履歷投出去石沉大海，我就可以幫你改到讓HR眼前一亮；比如你不知道如何將PPT排版精美，就可以參加我的零基礎排版課程。我幫公司主管寫過答謝哈佛校長的感謝信，幫我的前任主管找到過工作，為電影公司寫過人工智慧主題的微電影。」不同於他人的副業，就是我的個人差異。

第三，聚焦共鳴情境。

比如在我的那篇知乎文章裡，就提到我幫一位知名傳媒公司副總監轉職的經歷。文章裡我這樣寫道：「我還記得那位在公司高層叱吒風雲的人物，在某個下小雨的夜裡，打電話給我，說：『我遇到了中年危機』。

「他在自己擅長的領域待了17年，升職速度超過所有同齡人，有過一次失敗的創業，終於決心要轉職。在電話裡，他說：『你老實回答我，在你一個畢業三年的孩子眼裡，我是不是特別沒用？』」

「我思忖片刻，然後回答：『其實，您只是一個優等生，憑藉智慧和努力，一路獲得老師的青睞。現在，您離開了『象牙塔』，開始思考自己想要什麼，僅此而已。』」

「他沉默了片刻，然後說：『你懂我。』」

直白的說教，可能把觀眾越推越遠，但真實的細節，能令他們駐足。

■ 3.升級專業背書的三個進階技巧

接下來，我會推薦升級專業背書的三個進階技巧。它們分別是：合作出發、逐步推進和毛遂自薦。

（1）合作出發。求職者應當**從合作的角度思考自己能帶來的價值**，可分為三個步驟：分析需求、提供方案和創造共贏。

第一，分析需求。比如，求職者想要出版自己的書籍，就要瞭解不同出版社的內容風格、題材類型等；再比如，求職者想要成為某平台的講師，就要瞭解講師的應徵要求、所需的課程風格等。

第二，提供方案。求職者在分析需求的基礎上，主動提供解決方案。比如選題申請，可以準備好大綱和試寫稿；應徵某平台講師，可以預先錄製自己的試做課程。

第三，創造共贏。在此基礎上，求職者可以編輯一段文字內容，告訴對方與自己合作有何益處，比如自己豐富的產業經驗，能為培訓公司生產出優秀的內容。

（2）逐步推進。求職者可以**透過多次合作，不斷升級自己的專業背書**。比如，求職者如果想增加剪輯產業的背書，可以先經營與剪輯相關的帳號，在累積一定的粉絲後，主動與各平台聯繫，成為平台講師；在獲得一定成果後，可在網路發表以獲得更大範圍的關注。

（3）毛遂自薦。在網路時代，求職者**可以透過社群媒體聯繫到任何想聯繫的人**。比如我曾想申請成為某知識平台的講師，透過多個社群平台

聯繫上該公司的CEO，最後在其公眾號後台的客服系統中獲得該公司的回覆。

下一小節，我將分享資源面試法的最後一個核心，如何透過強化個人IP，獲得驚喜機遇。

1 如何避免自己的帳號產出的內容過於枯燥？請結合「聚焦共鳴情境」進行思考。

2 小趙想申請成為她最喜歡的商業公眾號營運，她應如何得到這次機會？請結合「分析需求、提供方案、創造共贏」進行思考。

掃QRcode看短影片

5.2.4 強化個人 IP：獲得驚喜機遇

不少求職者對面試官詢問關於方法論的問題時感到頭疼，比如：

「你在社群經營方面有哪些方法論？」

「你在內容經營方面獲取哪些方法？」

「關於用戶增長上你有哪些結論？」

這時，部分求職者無法給出恰當的回答，因為他們對方法論這個詞沒有明確概念。

■ 1.方法論不是經驗論

　　方法論是一種以解決問題為目標的理論體系或系統，通常涉及對問題階段、任務、工具、方法技巧的論述。這裡包括以下兩個重要概念。

　　（1）解決問題。方法論解決的是一些具體的問題。也就是說，求職者首先要辨識出可能會遇到的問題。比如面試官問：「你認為經營好社群有哪些方法論？」下圖是兩位求職者的回答，試著比較一下，如果你是面試官，會更傾向於錄取誰？

小A

我認為經營好社群主要需要耐心和細心，還需要堅持不懈。

我認為經營好社群主要分為三個要點：通路、內容、體驗。首先，在通路上，需要管理好目標客群的來源……

小B

兩位求職者的回答對比

　　答案是小B，因為小B識別出經營過程中可能存在的問題，並根據這些問題作答。而小A只是彙整了經驗，並沒有針對某個具體問題。

　　（2）系統。系統意味著方法可複製。碎片化的方法可能有用，但不代表求職者在新職位上依舊能發揮出色。我曾輔導一名學員面試業務經

理的職位，在詢問他指導部屬有哪些方法時，他回答：「我輔導部屬的訣竅就是樹立一個榜樣，然後讓大家跟著這個榜樣學習。」

這確實是一個不錯的經驗，但不一定可以被複製，因為不是所有團隊裡都有適合當榜樣的人選，好的方法論應該涉及不同的情況。比如，當團隊沒有榜樣時，應如何發現榜樣；當榜樣發現後，應如何樹立榜樣；在樹立榜樣後，應如何創造更多的榜樣。

從上述我們可以發現，方法論和經驗論的差別在於：經驗論只是對成就事件進行彙整，而方法論是**在彙整成就事件的基礎上，還會獲取通用方法、進行情境延伸**，從而適應新的挑戰。

■ 2.個人IP，是解決問題的方法論

那麼，如何跟面試官證明，自己擁有解決問題的能力呢？

有的求職者選擇彙整經驗，然後隨機應變；另一些求職者則準備更加充足：他們會強化自己的個人IP，從而獲得驚喜機遇。

個人IP是指以個人價值觀或特質為核心，創造出的一系列產品或方法論。其包括但不僅限於課程、付費頻道、訓練營等。求職者可以透過以下步驟強化個人IP。

（1）挖掘優勢領域。求職者在過去的經歷中挖掘3～5個成就事件。比如接手新專案後如何快速上手、遇到挫折時如何扭轉局面等，從中找到自己的優勢領域。

（2）獲取通用方法。求職者在這些成就事件中理出一些通用的方法。比如為了協調不同部門的需求，某管理者採取求同存異的方式，強調雙方的共同目標，在其他方面允許不同意見的存在。「求同存異」就是他的通用方法。

（3）進行情境延伸。求職者根據這些通用方法延伸出在不同情境下的執行模式。比如與主管溝通如何求同存異、與部屬溝通如何求同存異等，並將這些資訊整理成方法論，透過圖文或短影片形式發表。

以下，我將分享一個自己的案例，告訴大家如何透過強化個人IP，獲得驚喜機遇。

 強化職場IP，幫我獲得了出書的機會

新媒體時代，履歷不再是公司瞭解候選人的唯一途徑。你的社群媒體帳號、線上作品，都是面試官瞭解你的窗口。那面試官是如何判斷一個社群媒體帳號的品質呢？第一眼，看簡介。如果簡介中有知名企業背書，或者專家頭銜，他們就傾向於認為這是一個高品質帳號。除此之外，如果帳號的經營者出版過書籍，也會讓人眼前一亮。那麼，我是如何獲得出書的機會的呢？

第一步是挖掘優勢領域。

　　我同時擅長文案寫作、創意企劃以及心理諮詢。但我更受認可的領域是職場，因為不斷有人主動找我提供面試輔導、就業規劃等服務。

　　如果某個領域不斷有人要求提供服務，那麼有很大機率這個領域就是求職者的「優勢領域」，因為它具備更大的市場價值。

　　有人會問，如果目前沒有特別擅長的領域，如何發掘自己的潛力？

　　我的個人經驗是，多嘗試。比如，求職者可以在一些技能交換小組，發表提供不同類型服務的貼文。比如我有一位朋友擅長穿衣搭配，於是他在各大小群組發表提供穿衣搭配服務的貼文。結果他發現，來找他的人中，80%都希望他提供情感諮詢。而他最終讓受眾買單的，也是他情感諮詢的能力。所以，這才是他真正的「優勢領域」。

　　第二步是獲取通用方法。

　　這套方法能解決某種真實的「問題」，在市場上具有一定的競爭力。

　　比如有位編劇培訓師，她所有的課程中最受歡迎的是即興喜劇。因為大多數人其實並不需要專業的編劇訓練，而是希望透過學習即興解決某種現實生活中的問題，比如臨時被上司叫上台演講或表演節目。如果求職者的某套方法能解決一個大多數人生活中真實的問題，那它就是通用方法。

　　第三步是進行情境延伸。

　　在針對 Highlight 面試法的基礎上，我設了不同的情境，比如對於剛進入職場的新鮮人、對於轉職者、對於想升級成為管理者的人士等，確保我的目標受眾都可以從這套方法中受益。

　　最後，我根據我的個人IP，撰寫出這樣的簡介：

　　「丁晨琦，職場領域創作者，領英認證面試官，大學起開始幫人修

改履歷，做過1000＋職場諮詢，從美妝公司的一個普通小文案，一步步成為管理者。踩過很多坑，一不小心擁有了超過80%同齡人的經驗。務實的獅子座，夢想是去隱居。」

最後有一家出版社希望與我合作，我因此獲得出書的機會。

新媒體時代，每個人都是一個「微型品牌」。求職者每發表一篇圖文、一則短影片、一個創意、一個作品，都在為自己的個人IP累積資產。透過這些資產，求職者可能獲得意想不到的機遇。

■ 3.面試時如何展示個人IP

這裡推薦求職者透過三個技巧在面試時展現個人IP，包括觀點彙整、恰當分類、提供細節。

（1）觀點彙整。求職者要**對自己方法論中的觀點進行彙整**。比如「產品經理的核心在於優化用戶體驗」、「市場行銷的核心是讓消費者主動傳播內容」等。

（2）恰當分類。求職者**根據自己的觀點，分類出不同的情境**。比如針對「市場行銷的核心是讓消費者主動傳播內容」這個觀點，可以分出內容怎麼經營、活動怎麼經營、社群怎麼經營等情境。

（3）提供細節。在初步闡述自己的方法論後，求職者可以**提供與方法論相關的作品和內容**，供面試官在面試後詳細觀看。比如自己錄製的課程

PPT、拍攝的短影片等。細節有助於加深面試官對你的印象。

　　透過強化自身個人 IP，求職者可以突破條件和經驗的限制，獲得更多驚喜機遇。在下一章，我將介紹如何透過「Highlight 思維」，獲得更多成功。

1 當面試官問小錢，她有哪些內容經營的方法論時，她回答：「我認為內容經營需要很強的話題敏感度。」你會如何優化她的回答？請結合「方法論不是經驗論」進行思考。

2 請針對自己的優勢領域，試著理出一個獨創性觀點，並根據不同的情境進行分類。

◆ 第 6 章

Highlight 面試
法的延伸應用

這一章，主要探討的是 Highlight 面試法的延伸應用，即具備 Highlight 思維，具體包括談薪資、談晉升、談合作、談人才等情境。

6.1 巧用 VIP 法則談薪資

如何談薪資的問題，常常讓不少職場人士感到困擾，比如常見的問題有：

「到職多久可以談調薪？調薪的幅度以多少適合？」

「談調薪怎麼跟主管開口？」

「談調薪時需要提到自己的經濟條件嗎？」

這些問題，反映他們對於薪資的分配依據並不熟悉。那薪資的分配依據有哪些？對談調薪又有哪些啟發？

6.1.1 談薪資的關鍵在於客製化

以 3PM 薪酬系統（見下圖）為例，它是以職位（Position）、個人（Person）、業績（Performance）以及人力資源市場價格（Market）等因素為依據進行分配的薪酬系統。

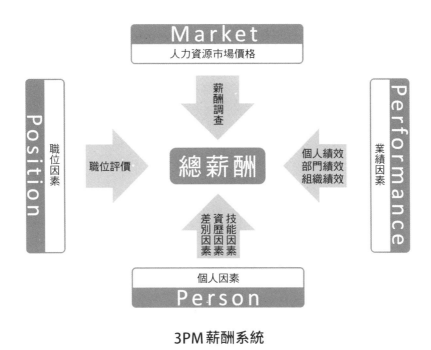

3PM 薪酬系統

在上述因素中，除了人力資源市場價格，其他因素都是可浮動的。這就意味著求職者可以瞭解相應的標準，再進行客製化調薪申請。

1. 職位因素

職位因素指的是針對不同職位等級劃定的薪水範圍。員工可以透過瞭解不同職位級別的要求，來客製調薪申請。比如員工可以問：「我目前是初級員工，想要達到資深員工，還需要達到哪些條件？」下圖是某

知名企業 P5 與 P6 職級的對比，P6 的要求中多出影響力和問題判斷等能力。求職者可以針對這幾點客製**職位計畫**，縮短與目標職位的差距。

層級	能力標準
P5	1.在專業領域中，對公司職位的標準要求、政策、流程等從業所必需瞭解的知識基本瞭解，對於本職位的任務和產出很瞭解，能獨立完成複雜任務，能夠發現並解決問題； 2.在專案中可以獨立作業的專案組成員； 3.能在跨部門協作中溝通清楚。
P6/M1	1.在專業領域中，對公司職位的標準要求、政策、流程等從業所必需瞭解的知識理解深刻，能夠和經理一起探討本職位的產出和任務，並對經理具備一定的影響力； 2.對於複雜問題的解決有自己的見解，對於問題的識別、優先順序分配有見解，善於尋求資源解決問題；也常常因為對於工作的熟練而有創新的辦法，表現出解決複雜問題的能力； 3.可獨立領導跨部門的專案，在專業方面能夠培訓和教導新進員工。

某知名企業 P5 與 P6 職位能力差異

■ **2.業績因素**

　　業績包括個人績效、部門績效、組織績效。績效一般由管理者及行政部門制定，但員工也可以透過申請資源或權限的方式，爭取更多的業

績。比如，申請推廣資源提升推廣效果。員工可以透過客製業績目標的方式，申請業績獎勵。

■ 3.個人因素

個人因素包括技能因素和資歷因素等。需要注意的是，技能與經驗需要與職位的需求相匹配，比如公司有剪輯需求，而員工有剪輯的相關技能，可以透過承擔更多責任的方式調薪。員工可以透過**客製自我介紹**的方式，申請調薪。

6.1.2 如何透過 VIP 法則談薪資

從上面的章節，我們已經瞭解到 VIP 法則是**透過從企業的角度來客製化地展示自己，從而提升與目標之間匹配度的方法**。該法則在談薪資時同樣適用，其主要包括客製職位計畫、客製業績目標、客製自我介紹。

■ 1.客製職位計畫

客製職位計畫主要有三個目標，第一個目標是**瞭解公司對職位的期待**。很多公司雖然有一定的晉升標準，但標準可能沒有形成書面文字，員工可以透過詢問晉升標準的方式進行瞭解。第二個目標是**瞭解自己與標準的差距**，員工可以透過諮詢直屬主管或行政部門瞭解。第三個目標是**給予承諾**，員工透過客製職位計畫給予公司承諾，未來會有更好的表現。

■ **2. 客製業績目標**

員工透過客製業績目標的方式與公司達成共識，獲得相關的業績獎勵。需要注意的是，該目標需要有**具體的完成期限**以及**考核標準**。如目標未及時完成，員工需提供備選方案，促進目標的達成。

■ **3. 客製自我介紹**

對於調薪考核、晉升答辯等情境，員工還需要客製自我介紹。自我介紹不應局限在個人經歷，更需**凸顯個人的能力與潛力**。

以下，我們來看一個案例。

案例　三個「客製」，幫我獲得調薪機會

我在廣告公司擔任企劃期間，曾透過主動申請調薪的方式，實現一年三次調薪。我是如何做到的呢？答案是憑藉三個「客製」：客製職位計畫、客製業績目標與客製自我介紹。

第一步是客製職位計畫。

我瞭解到公司雖然有調薪制度，但對於細節並未做出明確規定。因此，我申請調薪的第一步是瞭解公司對職位的期待。當時我的職位是企劃師，對應的更高一階是資深企劃師。於是，我先到網路上閱讀大量資

深企劃師的職位介紹，彙整主要能力有三：

（1）獨立制定企劃案；

（2）對企劃過程中產生的問題有辨識能力；

（3）能影響並指導團隊中其他成員開始企劃工作。

於是，我與自己的直屬主管溝通，瞭解公司對職位的期待是否符合以上能力。得到肯定的回覆後，我詢問自己的直屬主管，自己與資深的企劃之間有哪些差距。

在他的幫助下，我客製了職位計畫，包括為了提升問題的辨識能力，進行每日復盤計畫，以及為了提升團隊影響力，主持每週的企劃分享會。

透過執行以上計畫，我獲得第一次調薪的機會，並進入資深企劃的備選名單。

第二步是客製業績目標。

我注意到，手頭客戶的續繳率，是維持公司獲利的重要指標。因此，我與直屬主管協商，如果能在半年內將目前客戶的續繳率提升30%，就可以獲得第二次調薪的機會。直屬主管同意了。於是，我開始主動打電話給每一家客戶，針對他們的需求提供續繳計畫。半年後，我的目標達成，我也獲得第二次調薪的機會。

第三步是客製自我介紹。

經過長達8個月的考核期，我終於迎來晉升答辯的機會。在自我介紹的部分，我沒有按照常規介紹自己的經歷和業績，而是從辨識問題、提升團隊的角度，列舉自己的優勢，比如我豐富的培訓經驗，可以幫助其他企劃師提升續繳能力等。

最終，我獲得第三次調薪的機會，並成功晉升為資深企劃師。

6.1.3 客製業務重心表，有助薪資提升

在與公司溝通工作重點時，常常會出現以下問題：求職者無法說明清楚目前的工作，在提升前與提升後有哪些具體的差別。這裡，建議使用業務重心表來展示自己的工作重點。

業務重心表是一種直觀展示工作重點分布的表格，它包括模組、模組內細分工作、所占百分比、預計產出等。如下表所示：

模組	模組細分內容工作	所占百分比	預計獲利（萬元）
客戶管理	大客A	40%	10
	大客B	20%	10
	小客A	20%	1
	小客B	30%	1

業務重心表示例

透過上表，我們可以看出目前工作存在的問題是，小客的獲利產出僅占大客產出的10%，卻要耗費50%的人力。接著，員工可以提供修改後的業務計畫表，用於展示自己的工作計畫，如下表所示：

模組	模組細分內容工作	所占百分比	預計獲利（萬元）
客戶管理	大客A	50%	40
	大客B	20%	20
	大客C	10%	10
	小客A	20%	1

修改後的業務重心表示例

上表中，我們可以看出該員工的計畫，是清退部分獲利不理想的小客，並透過提升大客精力分配與數量的方法，提升獲利。

透過業務重心表，員工可以更直接展示自己的工作計畫，為調薪打下良好的基礎。下一節，我會和你聊聊如何巧用故事法則談晉升。

1　談調薪時需要提自己的經濟條件嗎？請結合 3PM 薪酬系統進行思考。

2　請針對你理想中的職位客製計畫，並透過諮詢直屬主管或行政部門等方式瞭解自己與該職位的差距。

掃 QRcode 看短影片

6.2 巧用故事法則談晉升

關於晉升，員工通常會有以下困惑：

「我平時多以支援性工作為主，包括數據統計、報表整理等，晉升面試感覺沒什麼可說的，怎麼辦？」

「晉升答辯PPT是不是展現專業性就可以了，比如放很多圖表？」

「晉升PPT是不是不用準備得太詳細？畢竟工作時的態度大家都能看到。」

這些問題反映出員工對晉升面試的不瞭解。那麼晉升面試有哪些常見的誤區？員工又應如何避免？

6.2.1 晉升面試的常見誤區

晉升面試的主要誤區有以下三點：沒有針對標準、沒有說好細節、沒有展現價值。

■1.沒有針對標準

員工通常會對自己過去的經歷泛泛而談，而不是針對晉升標準進行介紹。比如下圖某知名企業職位中，從P6晉升至P7需要提升的經驗包括跨部門專案經驗、公開分享經驗、創新專案經驗等，員工應當根據這些進行具體說明。

P5	P6	P7
1.基本掌握職位所需技能；	1.在現任職位擔任 1 年以上工作；	1.在現任職位擔任 2 年以上工作；
2.熟練基本的業務流程；	2.熟練職位所需技能；	2.熟練職位所需技能；
3.能夠基本完成上級交代的任務；	3.擁有很強自驅力和執行力；	3.至少主導過 1 次以上跨部門合作；
4.善於獨立思考，良好的溝通能力和彙報能力。	4.能夠高效完成上級交代的任務；	4.與業務方緊密配合，高效達成業務目標；
	5.與業務緊密配合，達成業務指標；	5.極強的自驅力和執行力；
	6.結構性思維；	6.完成講師培訓，在公開場合分享至少 3 次以上；
	7.創新能力。	7.至少有 1 項創新型專案，堅持持續創新。

某知名企業晉升標準

■ 2.沒有說好細節

　　有些員工雖然針對晉升標準闡述經歷，但他們往往無法清楚說出細節。比如，在提到自己很可靠時，他們會說「我每天都按時完成資料統計」或者「我工作中從未出過差錯」，這就很難給評審員留下很深的印象。更好的做法是透過一到兩個事例，強化自己的特點。

3.沒有展現價值

員工容易犯的另一個錯誤是,雖然呈現很多資料,卻無法展現自己的價值。比如,強調自己在過去的一年中主持過多少次會議,提交多少份報告,但卻沒有展現透過會議和報告為團隊帶來什麼貢獻,比如提升整體工作效率等。

6.2.2 如何透過故事法則談晉升

故事法則是指用講故事的方法,在短時間內帶動評審員的情緒,從而化被動為主動的晉升面試方法。它包含以下幾個步驟:抓住特點、細化情節、凸顯價值。

1.抓住特點

一場晉升面試的時間有限,員工不可能講述自己的所有優點,但**列舉幾個與晉升標準相關的關鍵詞**,可以幫助評審員加深對該員工的記憶度。比如某知名企業職位從P6晉升至P7,其中一個關鍵詞是「自驅力」,員工可以抓住自己的這個特點,講述故事。

2.細化情節

對於某個關鍵詞,比如自驅力,員工可以從不同的面向講述,如「主動彙整」、「主動分享」、「主動創新」。員工還可以**透過具體的細**

節強化評審員的感受，比如「主動分享」的細節是自己發現組員不會用 VLOOKUP 函數後主動調查，瞭解公司其他成員 VLOOKUP 函數的使用情況，並主動舉辦培訓，以提升公司整體技能。

■ 3. 凸顯價值

員工透過可量化的指標凸顯自己的價值。比如在舉辦培訓後，調查顯示公司對 VLOOKUP 函數的掌握率從 40% 提升至 90%。

以下，我會透過一位學員的真實案例，告訴你如何透過故事法則談晉升。

 巧用故事法則，學員成功在遊戲知名企業晉升

　　小王在某遊戲知名企業擔任資深企劃職位，他想要爭取該公司企劃管理的職位，於是請我對他進行晉升面試輔導。

　　在研究企劃管理的職位介紹後，我們發現其與資深企劃的主要區別在於（見下圖）：

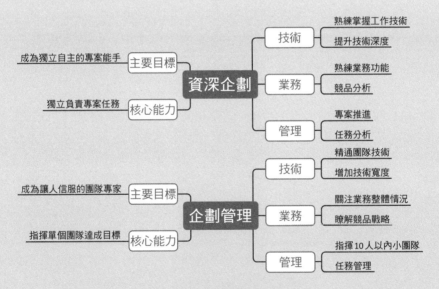

企劃管理與資深企劃對比

（1）從獨立完成任務到指導團隊工作；

（2）從熟悉業務到掌握業務整體情況；

（3）從專案管理到團隊管理。

企劃管理的工作較為瑣碎，如何在短時間內給評審員留下深刻印象呢？我建議小王透過以下三個步驟來進行晉升答辯：抓住特點、細化情節、凸顯價值。

第一步是抓住特點。

小王性格內向，沒有太多的管理經驗，這兩點在管理上都不具優勢。但與小王詳細溝通後，我發現他最大的特點是「可靠」，即能負責任地完成主管交辦的工作。我建議小王將這點作為主要優勢去闡述。

第二步是細化情節。

關於可靠這個特點，可以分為不同的情境，包括完成任務可靠、分析問題可靠、提供結果可靠等。對於不同的情境，我建議他透過不同的故事加深評審員的印象。比如分析問題可靠，他可以列舉自己曾在值夜班時，發現一個全組人忽略的問題，並將此問題及時回饋給上級的案例；比如提供結果可靠，他可以列舉自己發現問題後，一直堅守工作職位，協助問題解決的案例。

第三步是凸顯價值。

價值不僅指順利完成任務，更是指對於團隊的影響。我瞭解到小王發現問題後，不滿足於僅僅解決問題，更是在上級的幫助下，向用戶發起一次調查，瞭解其在使用過程中遇到的其他問題，並彙整成一份報告，幫助團隊優化專案。這就是小王對於團隊的價值。

透過這三個步驟，小王順利透過晉升答辯，獲得企劃管理的職位。

6.2.3 如何用 STAR 法則說好晉升故事

在闡述自己的成就故事時，員工往往會滔滔不絕地描述自己的經歷，或闡述專案難度有多高，或闡述自己在其中有多辛苦。事實上，一個成就事件的好壞並不取決於以上因素，而是取決於員工在不同情境下的反應，以及其能力是否有通用性。試著對比下圖兩位員工的故事：

> 這個專案的難度非常高，我花了整整三個星期梳理專案思路，最後透過六個月的奮戰完成專案。

員工 A

> 這個專案的難度主要在於之前沒有參考，因此我做了三件事：市場調查、政策研讀、實地評估。透過這三個步驟，我釐清專案的思路，也能為未來的專案提供參考。

員工 B

兩位員工的回答對比

員工 B 的回答優於 A，因為他對挑戰情境進行彙整，並將做事過程獲取成方法論。我建議，員工透過 STAR 法則來說自己的晉升故事。

■ 1. 情境（Situation）

情境描述的關鍵在於**強化典型性**。員工需要思考，這個專案是否對未來的某種情境具有參考意義。比如在描述某內容創作專案時，員工可

以這樣講述情境：「這個專案主要的特點，是首次流程化地運用素人創作者進行內容產出。」

■ 2.任務（Task）

任務描述的關鍵在於**概括挑戰**。很多員工喜歡強調任務時間緊、人手少，但這些挑戰並不能展現對於專案的深度認知。員工需要針對情境來概括挑戰，比如素人創作專案中，素人缺乏創作經驗就是核心挑戰。

■ 3.行動（Action）

行動描述的關鍵在於**獲取步驟**。比如針對素人缺乏創作經驗的挑戰，可以理出如何向素人傳達要求，如何幫助素人進行創作，如何要求素人進行修改等步驟。

■ 4.結果（Result）

結果描述的關鍵在於**提供參考**。除了專案本身是否成功以外，員工還應彙整做好某類專案的關鍵，以及從中展現出自己的哪些品格。比如可以說：「這個專案理出一套完整的溝通流程，未來對於新專案的引進都有參考價值。之後，我也會更運用自驅力，彙整出更多的專案經驗。」

下一節，我將分享如何巧用案例法則談合作。

思考題

1 請彙整自己公司的晉升標準，並透過「抓住特點」的方式，闡述自己競爭的優勢。

2 小李在描述專案時，認為專案的核心挑戰是其他部門不配合，這樣描述有何問題？請結合「概括挑戰」進行思考。

掃QRcode看短影片

6.3 巧用案例法則談合作

當一個公司想建立與另一家公司的合作關係時，常見的方法是送幾個相關案例，但對於以下三種情況，傳統傳送案例的方法卻不奏效：

（1）初創公司，沒有太多的案例累積；

（2）創新領域，沒有相關的案例參考；

（3）有相關案例，但與現實情況有較大差距。

在上述情況下，應如何儘可能爭取合作的可能性？

6.3.1 沒有案例，就客製案例

想回答這個問題，首先要瞭解案例的本質是什麼。一般而言，案例

包含以下三個組成部分。

■ 1. 合作背景

　　案例中之所以要放合作背景，是希望強調與本次合作有著類似的情境。比如客戶與案例一樣面臨著預算低、年輕受眾匱乏的問題，那案例中的解決方案就會更有參考性。但在網路時代，客戶面臨的問題越來越多樣化，案例背景也可能有很大差異。

■ 2. 解決方案

　　解決方案呈現的是本公司擁有解決合作公司問題的能力。解決方案往往是針對問題延伸的，但由於產業的發展，一些基礎的問題已經被解決，客戶面臨的是更加深層且不確定的挑戰。

■ 3. 執行結果

　　執行結果不僅是案例的彙整數據，更包含對消費者產生的具體影響，包括資源的開拓、方法的開拓以及參照意義。由於不同專案的情況不同，結果的參照意義往往有限。

　　因此，我建議：在沒有合適案例的情況下，員工可以思考如何針對情境、針對變化、針對消費者進行案例的客製，從而爭取合作的機會。

6.3.2 如何透過案例法則談合作

案例法則是指透過短期內嘗試一個與目標專案類似的專案,創造一個新的案例,從而說服合作公司的方法。它包含以下三個要點。

■ 1.針對情境

儘管案例的受眾人數、使用範圍未必與目標案例完全相同,但解決的問題往往類似。比如品牌都面臨流量增長見頂,缺乏低成本獲取流量的方法的困境。這時,員工可以**在新案例中創造一個類似的情境**,提升說服力。

■ 2.針對變化

員工需要**識別出產業內發生的變化**,並針對變化制定解決方案。比如產業內的變化是,常規的行銷方式無法帶來很好的傳播率,那在新的案例中,就需要展現創新的行銷方式。

■ 3.針對消費者

員工需要**針對目標消費者,客製符合他們特質的案例**。比如目標消費者更多的是年輕族群,就要使用他們喜歡的語言和玩法,與他們進行互動。

以下,我將透過一個案例說明,如何透過案例法則談合作。

客製創意案例，幫助客戶打開年輕市場

有一次，一家印表機品牌找到我們公司，希望推廣一款學習型印表機，以促進在年輕用戶中的傳播，要求如下：

（1）希望用較低預算完成傳播；

（2）希望行銷形式受到年輕世代的喜愛；

（3）希望受眾自發參與到傳播過程中。

透過需求分析，我們決定透過素人製作內容的方式，幫助品牌達成需求。當時，我們有一個4000人的開放式創作社群，就想讓這些素人自製短影片傳播。但問題是，我們沒有相關案例，品牌方能相信我們嗎？

經過思考，我們決定客製一個案例，然後將效果展現給品牌方，促進合作。我們計畫透過三個步驟客製案例：針對情境、針對變化、針對消費者。

第一步是針對情境。

我們注意到，品牌方平時的短影片，主要透過一隻叫作佳佳的貓講解產品賣點，這是一種典型的「萌式行銷」，拉近與年輕世代的距離。由於本次的主推產品是學習型印表機，受眾主要是年輕人，我們決定將萌式行銷作為本次行銷的重點情境。

第二步是針對變化。

網路2.0時代，用戶不僅是內容的瀏覽者，更是內容的創造者。在這個背景下，品牌越來越重視讓用戶參與到互動中。因此，不同於品牌

讓貓作為講解者，我們決定讓貓成為素材的一部分，讓消費者透過自由創作來與貓互動，增加其參與積極性。

第三步是針對消費者。

年輕世代對於嚴肅的產品講解沒有興趣，他們更希望用好玩的方式把賣點說出來。該學習型印表機的特點是容易使用，因此我們設計這樣的情境：素材片段中，一隻貓在使用印表機，創作者看到這個片段後，拍攝自己的寵物，並對寵物說：「你看別人家的貓都會用印表機了，你還只會睡大覺、吃小魚乾、玩毛球……」透過這種有趣的方式，消費者能更加清楚地記住賣點。

最後，我們將這個活動在開放社群中公布，當天就收到1000多段短影片，有人拍攝自家飼養的豬，還有人拍攝自己的鴨子，都獲得大量的點讚和傳播。該印表機公司看到我們客製的案例後，覺得非常有意思，當場就決定與我們合作。透過合作，我們為客戶打開年輕市場，受到大量年輕人的追捧。

6.3.3 如何有效進行案例彙整

在客製案例之後，我們還需要彙整案例，向客戶呈現我們的成果。我建議透過三個技巧來彙整案例：對比價值、對比效率、對比影響。

■ 1. 對比價值

員工可以**透過可信的數據來呈現案例的效果**。比如，在上述印表機品牌的案例中，千次曝光成本是主要的衡量指標，員工可以透過對比素人創作者與品牌官方的曝光成本來衡量案例是否有效。此外，二次傳播率、投入產出比等都可以作為衡量指標。

■ 2. 對比效率

員工還可以**透過對比生產效率的方式，凸顯案例的價值**。比如，傳統的官方宣傳短影片是透過一次拍攝，輻射單個流量池的受眾，而素人傳播是素材的反覆運用，輻射多個流量池的受眾，效率更高。

■ 3. 對比影響

除此之外，員工還可以**透過調查問卷等方式來瞭解案例帶來的影響**。比如，傳統傳播案例與新案例中，分別有多少受眾記住了賣點，這樣能讓合作方產生更直觀的感受。

下一節，我將探討如何巧用資源法則談人才。

思考題

1 使用「針對情境、針對變化、針對消費者」的方式，試著為最近接到的一個合作需求進行案例客製。

2 小王彙整自己最近的一個案例時，認為案例最大的優勢是獲得很多曝光。請問小王的表述有什麼可以優化的地方？請結合「對比價值、對比效率、對比影響」進行思考。

6.4 巧用資源法則談人才

面試進入尾聲，面試官問了最後一個問題：「你還有什麼問題要問我嗎？」

求職者稍加思索，問道：「請問我在貴公司能有什麼收穫？」

面試官侃侃而談，從公司的寬廣平台到薪酬福利，再到個人成長。求職者帶著疑惑的表情點點頭。他離開後，面試官不由陷入沉思：是啊，公司究竟能為求職者提供什麼呢？

要回答這個問題，我們先要瞭解新時代應徵發生了什麼變化。

6.4.1 從忠誠聯結到聯盟關係

如果你留意網路上評論，會發現越來越多的管理者表達了困惑：「『95 後』和『00 後』真的越來越難留住了，我做什麼才能讓他們留在公司呢？」

領英（LinkedIn）聯合創始人里德・霍夫曼（Reid Hoffman）說：新的契約模式，是在預見到僱傭關係變幻無常的基礎上，尋求建立信任、投資關係的方法，但與之前牢固的忠誠聯結不同的是，此時雙方都在尋求「聯盟」中的共同利益。

也就是說，比起告訴求職者「你能獲得什麼」，面試官更應該問求職者「你的目標是什麼？」

求職者的目標可能多種多樣。比如獲得知識和技能，提升在產業內的競爭力；得到試錯的機會，獲得領域內的相關經驗；甚至累積足夠多的資源，為未來創業作打算。

而面試官需要思考的是：這些目標中，哪些是公司可以幫助求職者達成的？如何透過合作，讓彼此「增值」？

如何解答以上兩個問題？我們可以借用一個概念：資源法則。

6.4.2 如何透過資源法則談人才

資源法則是求職者透過創造更多資源來提升自身潛力的方法。運用到應徵，就是**公司透過自身的資源，留住優秀人才的方法**。資源法則主要

271

包括以下三個步驟：獲取目標、提供資源、提升聯繫。

1.獲取目標

首先，公司需要**和求職者一起確定他的目標是什麼**，包括職業理想、成長方向等。推薦問題如下：

「你的人生理想是什麼？」

「你有哪些短期目標？」

「你期待從公司獲得怎麼樣的提升？」

透過這些問題，面試官對求職者的目標有初步的瞭解，可為資源配置提供準備。

2.提供資源

在瞭解目標的基礎上，公司可以**梳理組織資源，方便求職者進行匹配**。常見的組織資源包括人力資源、資訊資源、關係資源。

（1）人力資源。人力資源是指組織成員所蘊藏的知識、能力、技能以及他們的協作力和創造力。比如團隊成員多來自知名企業，員工來到企業後可以學習到系統的做事方法。

（2）資訊資源。資訊資源是指組織所瞭解、所掌握對組織有用的各種資訊。比如公司內部建立資訊庫，員工可以快速找到各種產業平台。

（3）關係資源。關係資源是指組織與其各類公眾良好而廣泛的聯

繫。比如公司與某知名平台有合作關係，可以定期領取該平台的內部報告，而這些是求職者透過外部通路無法獲取的。

■ 3. 提升聯繫

公司需要<u>提升求職者目標與組織資源之間的聯繫</u>。比如，求職者未來的目標是創業，公司就可以提供機遇資源，如讓求職者參與公司戰略制定的計畫，培養其全面的思考能力。

以下，我會透過一個案例告訴大家，如何透過資源法則談人才。

資源法則，幫助我留住寶貴人才

我接手營運部的第二個月，公司發生一次業務方向的調整。原來負責內容創作的團隊需要轉為達人營運方向。我的其中一位部屬是一名剪輯師，他是編導出身，一直很喜歡創作，也很有創作天賦，我不知道該如何向他宣布這個消息。

正好有一天，公司負責人要我提出一個營運部規劃，其中有個核心是人員規劃。我想，何不藉著這個機會跟他好好聊一聊？也能為今後的工作打下更好的基礎。

我決定透過三個步驟與他交談：獲取目標、提供資源、提升聯繫。

第一步是獲取目標。

當天下午，我把他叫到小會議室。我問他的第一個問題是：「你的職業理想是什麼？」

他說：「成為一名編導。」

我內心忐忑起來，但還是佯裝平靜：「你加入公司以來，表現一直很出色，也展現出不錯的創作潛力。目前公司業務方向有些調整，會轉向更偏達人營運的方向。不知你對這一塊感不感興趣？」

他說：「之前沒接觸過，能具體瞭解一下嗎？」

第二步是提供資源。

我把事先準備好的工作規劃遞給他，上面詳細寫出整個營運部未來一年的具體工作。等他差不多讀完，我問他：「這上面的工作，有哪些是你擅長的？有哪些是你願意嘗試的？」

他說：「達人短影片剪輯，是我擅長的。直播跟播和達人培訓，之前沒有接觸過，可以試試看。」

聽了這個回答，我頓時舒了一口氣，但還是有些擔心：「培訓需要製作PPT，你之前接觸PPT比較少，會不會覺得有些挑戰？」

他詳細思考了一下，然後回答：「我覺得，我們可以錄製一些培訓短影片，替代原來的PPT培訓。每個短影片在3分鐘左右，還能直接呈現剪輯的介面，達人更容易理解。」

於是，我們協商決定，在接下來的一年中，為他提供以下三種資源：

（1）人力資源：包括團隊內的資深員工等，可以協助他企劃選題，並提出建議。

（2）資訊資源：公司內部與剪輯相關的學習資料。

（3）關係資源：平台合作商的聯繫方式，可以解答一些平台的基礎問題。

第三步是提升聯繫。

他的目標是成為一名編導，創作能力是達成這個理想的基礎。於是，在我們的共同努力下，「3分鐘創意熱身」專欄順利上線，並受到達人的廣泛歡迎。這些培訓短影片不僅易懂，還能根據達人的創作特點，提供一些客製化的指導。而這位剪輯師，也透過培訓短影片的製作，對創作有更深入的理解。

6.4.3 事業金字塔，幫助人才與公司有更好的合作關係

前面我們瞭解到，新的契約模式是建立在尋求「聯盟」中的共同利益基礎之上。以下，我會和大家分享，如何透過事業金字塔，幫助人才與公司有更好的合作關係。

事業金字塔共分為三層（見下圖）：

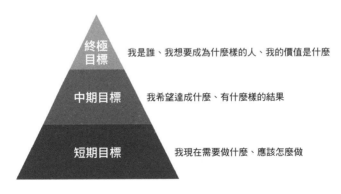

事業金字塔

最上層是終極目標。這主要有我是誰、我想要成為什麼樣的人、我的價值是什麼。終極目標往往是一個人的生活理想，以及想要達到的人生狀態。比如求職者未來的理想，是成為一名旅行博主。

中間層是中期目標。這是短期目標和終極目標之間的指標性階段，包括我希望達成什麼、有什麼樣的結果。比如，求職者在現階段希望透過工作獲得經濟基礎與創作技巧，支持自己旅行博主的夢想。

底層是短期目標。其包括我現在需要做什麼、應該怎麼做。比如，求職者需要寫出第一篇10萬＋瀏覽量的文章，並歸納出爆款文章的結構。

那麼，公司可以如何運用事業金字塔呢？

在到職時，公司可以邀請員工填寫事業金字塔表格，以有針對性地匹配資源。

在半年到一年後，公司可以邀請員工核對此表格，看看完成了哪些，目標有沒有變化。

在員工離職時，公司也可以對照表格，詢問員工是否達成目標，是否還有未從公司獲取的資源。

透過這個方式，公司可以和員工更好的合作，以鞏固聯盟關係。

1 提升薪資是唯一留住人才的方法嗎？請結合組織的不同資源進行思考。

2 請使用事業金字塔，找出自己的終極目標、中期目標和短期目標。

實用知識91

掌握主動權的Highlight面試法
沒有矚目的背景，也能脫穎而出

原文書名：高光面試法：沒有矚目的背景，也能脫穎而出
作　　者：丁晨琦
責任編輯：王彥萍
校　　對：王彥萍、唐維信
封面設計：萬勝安
版型設計：Yuju
排　　版：詹雅卉
寶鼎行銷顧問：劉邦寧

發 行 人：洪祺祥
副總經理：洪偉傑
副總編輯：王彥萍
法律顧問：建大法律事務所
財務顧問：高威會計師事務所
出　　版：日月文化出版股份有限公司
製　　作：寶鼎出版
地　　址：台北市信義路三段151號8樓
電　　話：(02)2708-5509 / 傳　　真：(02)2708-6157
客服信箱：service@heliopolis.com.tw
網　　址：www.heliopolis.com.tw
郵撥帳號：19716071 日月文化出版股份有限公司

總 經 銷：聯合發行股份有限公司
電　　話：(02)2917-8022 / 傳　　真：(02)2915-7212
製版印刷：軒承彩色印刷製版有限公司
初　　版：2024年05月
定　　價：400元
ＩＳＢＮ：978-626-7405-51-2
文化部部版臺陸字號112288號

中文繁體版通過成都天鳶文化傳播有限公司代理，由中國鐵道出版社有限公司授予
日月文化出版股份有限公司獨家出版發行，非經書面同意，不得以任何形式複製轉
載。

國家圖書館出版品預行編目資料

掌握主動權的Highlight面試法：沒有矚目的背景，也能
脫穎而出/ 丁晨琦著. -- 初版. --
臺北市：日月文化出版股份有限公司,2024.05
288面；16.7 × 23公分. -- （實用知識；91）
ISBN 978-626-7405-51-2（平裝）

1.CST：就業2.CST：面試 3.CST：職場成功法

524.77　　　　　　　　　　　　　113003372

日月文化集團
HELIOPOLIS
CULTURE GROUP

感謝您購買　掌握主動權的Highlight面試法

為提供完整服務與快速資訊，請詳細填寫以下資料，傳真至02-2708-6157或免貼郵票寄回，我們將不定期提供您最新資訊及最新優惠。

1. 姓名：_____　　　性別：□男　　□女

2. 生日：_____年_____月_____日　　職業：_____

3. 電話：（請務必填寫一種聯絡方式）

　　（日）_____（夜）_____（手機）_____

4. 地址：□□□_____

5. 電子信箱：_____

6. 您從何處購買此書？□_____縣/市_____書店/量販超商

　　□_____網路書店　　□書展　　□郵購　　□其他

7. 您何時購買此書？　　年　　月　　日

8. 您購買此書的原因：（可複選）

　　□對書的主題有興趣　　□作者　　□出版社　　□工作所需　　□生活所需

　　□資訊豐富　　□價格合理（若不合理，您覺得合理價格應為_____）

　　□封面/版面編排　　□其他_____

9. 您從何處得知這本書的消息：　□書店　□網路／電子報　□量販超商　□報紙

　　□雜誌　□廣播　□電視　□他人推薦　□其他

10. 您對本書的評價：（1.非常滿意 2.滿意 3.普通 4.不滿意 5.非常不滿意）

　　書名_____　內容_____　封面設計_____　版面編排_____　文/譯筆_____

11. 您通常以何種方式購書？□書店　　□網路　□傳真訂購　□郵政劃撥　□其他

12. 您最喜歡在何處買書？

　　□_____縣/市_____書店/量販超商　　□網路書店

13. 您希望我們未來出版何種主題的書？_____

14. 您認為本書還須改進的地方？提供我們的建議？

_____

_____

_____

_____

日月文化集團
HELIOPOLIS
CULTURE GROUP

客服專線 02-2708-5509
客服傳真 02-2708-6157
客服信箱 service@heliopolis.com.tw

廣告回函
台灣北區郵政管理局登記證
北台字第 000370 號
免貼郵票

日月文化集團 讀者服務部 收

10658 台北市信義路三段151號8樓

對折黏貼後，即可直接郵寄

日月文化網址：**www.heliopolis.com.tw**

最新消息、活動，請參考 FB 粉絲團

大量訂購，另有折扣優惠，請洽客服中心（詳見本頁上方所示連絡方式）。

大好書屋

寶鼎出版

山岳文化

EZ TALK

EZ Japan

EZ Korea

大好書屋・寶鼎出版・山岳文化・洪圖出版　EZ叢書館　EZKorea　EZTALK　EZJapan

實　用

知　識

寶鼎出版

實用

知 識

寶鼎出版